PARA QUE SERVE A SOCIOLOGIA?

Obras de Zygmunt Bauman:

- 44 cartas do mundo líquido moderno
- Amor líquido
- Aprendendo a pensar com a sociologia
- A arte da vida
- Babel
- Bauman sobre Bauman
- Capitalismo parasitário
- Cegueira moral
- Comunidade
- Confiança e medo na cidade
- A cultura no mundo líquido moderno
- Danos colaterais
- Em busca da política
- Ensaios sobre o conceito de cultura
- Estado de crise
- Estranhos à nossa porta
- A ética é possível num mundo de consumidores?
- Europa
- Globalização: as consequências humanas
- Identidade
- A individualidade numa época de incertezas
- Isto não é um diário
- Legisladores e intérpretes
- Mal líquido
- O mal-estar da pós-modernidade
- Medo líquido
- Modernidade e ambivalência
- Modernidade e Holocausto
- Modernidade líquida
- Nascidos em tempos líquidos
- Para que serve a sociologia?
- O retorno do pêndulo
- Retrotopia
- A riqueza de poucos beneficia todos nós?
- Sobre educação e juventude
- A sociedade individualizada
- Tempos líquidos
- Vida a crédito
- Vida em fragmentos
- Vida líquida
- Vida para consumo
- Vidas desperdiçadas
- Vigilância líquida

Zygmunt Bauman

PARA QUE SERVE A SOCIOLOGIA?

Diálogos com Michael Hviid Jacobsen e Keith Tester

Tradução:
Carlos Alberto Medeiros

Título original:
What Use Is Sociology?
(*Conversations with Michael Hviid Jacobsen and Keith Tester*)

Tradução autorizada da primeira edição inglesa,
publicada em 2014 por Polity Press,
de Cambridge, Inglaterra

Copyright © 2015, Zygmunt Bauman, Michael Hviid Jacobsen e Keith Tester

Copyright da edição em língua portuguesa © 2015:
Jorge Zahar Editor Ltda.
rua Marquês de S. Vicente 99 – 1º | 22451-041 Rio de Janeiro, RJ
tel (21) 2529-4750 | fax (21) 2529-4787
editora@zahar.com.br | www.zahar.com.br

Todos os direitos reservados.
A reprodução não autorizada desta publicação, no todo
ou em parte, constitui violação de direitos autorais. (Lei 9.610/98)

Grafia atualizada respeitando o novo Acordo Ortográfico da Língua Portuguesa

Preparação: Angela Ramalho Vianna | Revisão: Carolina Sampaio,
Eduardo Monteiro | Capa: Sérgio Campante | Fotos da capa: © Tim Robinson/
Arcangel Images; © George Clerk/iStockphoto; © Miappv/iStockphoto

CIP-Brasil. Catalogação na publicação
Sindicato Nacional dos Editores de Livros, RJ

Bauman, Zygmunt, 1925-2017
B341p   Para que serve a sociologia?: Diálogos com Michael Hviid Jacobsen e Keith Tester/Zygmunt Bauman; tradução Carlos Alberto Medeiros. – 1.ed. – Rio de Janeiro: Zahar, 2015.

Tradução de: What use is sociology? (conversations with Michael Hviid Jacobsen and Keith Tester)
ISBN 978-85-378-1389-8

1. Sociologia. 2. Comportamento humano. I. Título.

CDD: 301
CDU: 316

· Sumário ·

Prefácio 7

Introdução 11

1. O que é sociologia? 17

2. Por que fazer sociologia? 42

3. Como fazer sociologia? 70

4. Qual o alcance da sociologia? 104

Notas 131

· **Prefácio** ·

Este livro busca estimular os sociólogos a se identificarem como sujeitos ativos de uma forma de abordar o mundo, e não como técnicos de uma suposta ciência, livres de valores. O texto consiste em quatro diálogos com Zygmunt Bauman, travados entre janeiro de 2012 e março de 2013, juntamente com respostas a perguntas, registros de encontros pessoais entre nós três, cartas e fragmentos de alguns textos publicados por Bauman em veículos menos acessíveis ao leitor. O material foi organizado segundo linhas temáticas genéricas a fim de estabelecer continuidades, ressonâncias e, por vezes, deixar alguns fios deliberadamente soltos. Demos um polimento gramatical ao texto, quando necessário (a língua escrita, como percebemos, muitas vezes é bem diferente da falada, e esta última parece extremamente inadequada quando posta no papel), mas quisemos mexer pouco no material. O objetivo foi inspirar conversas que possam ir além das presentes no livro.

A intenção é que esse material seja utilizado por atuais e futuros sociólogos para estimular uma reflexão original sobre o que fazemos, por que, como e para quem. Também é exemplo de uma possível maneira diferente de escrever sobre sociologia. A forma e o conteúdo do livro se complementam. Em todo ele o objetivo é encorajar os sociólogos a aplicarem às nossas práticas a mensagem moral e política da obra de Bauman: há uma alternativa, mas cabe a nós concretizá-la.

MICHAEL HVIID JACOBSEN e KEITH TESTER

"A variedade menos gerencial e até antigerencial, mais tradicional e humanista, da sociologia ... visa a tornar o comportamento humano menos previsível, ao ativar fontes de decisão internas, fornecendo aos seres humanos um conhecimento mais amplo de sua condição e, assim, ampliando a esfera de sua liberdade de escolha."

Zygmunt Bauman, *Boletim Polonês de Sociologia*, 1967

"Mais do que nunca devemos estar atentos para não cairmos nas armadilhas de modismos que podem muito bem se mostrar mais prejudiciais que as moléstias que eles afirmam curar. Bem, nossa vocação, após todos esses anos sem romantismos, pode se tornar novamente um campo de testes de coragem, coerência e lealdade aos valores humanos.

Faríamos muito bem se gravássemos nas paredes de nossas salas de aula de sociologia o que Max Weber disse mais de meio século atrás: 'Se todo pensador profissional chega a ter uma obrigação imediata, esta é manter a cabeça fria diante dos ídolos prevalecentes em sua época e, se necessário, remar contra a maré.'"

Zygmunt Bauman, aula inaugural,
Universidade de Leeds, 1972

· **Introdução** ·

> A matéria-prima utilizada pela imaginação sociológica é a experiência humana. O produto final da imaginação sociológica, chamado "realidade social", é feito do metal fundido a partir do minério da experiência. Embora sua substância química não possa deixar de refletir a composição do minério, o conteúdo do produto também tem a marca do processo de fusão que divide os ingredientes do minério em produto útil e dejeto, enquanto sua forma depende do molde (ou seja, do arcabouço cognitivo) em que o metal fundido foi derramado.
>
> ZYGMUNT BAUMAN, *A sociedade sitiada*, 2001

Há muitos usos diferentes para a sociologia, e eles estão sempre em constante mudança, sempre se expandindo, e às vezes são mutuamente conflitantes. Isso torna a questão do "uso da sociologia" relevante e pertinente.[1] Além disso, a pergunta "Para que serve a sociologia?" é válida sobretudo pelo fato de ser diferente de quase todas as outras áreas de trabalho intelectual. Enquanto a maioria pode identificar um objeto "lá fora" cuja investigação é de seu interesse, a sociologia não consegue fazer isso. Ela própria é parte e parcela do mundo social que busca conhecer. É parte de um mundo social capaz de seguir em frente sem os insights da sociologia.

Há uma longa tradição, e um mundo de prática atual, que considera essa situação terrível, a ser superada a qualquer custo. Várias tentativas foram – e são – feitas para colocar uma barreira entre a sociologia e o mundo social. Tem havido – e ainda há – uma constante fetichização da metodologia, uma ênfase na "neutralidade de valores", o desenvolvimento de uma linguagem "científica" especializada e esotérica destinada a confundir os não iniciados, a adoção da parafernália do profissionalismo – tudo isso funcionando como uma barreira entre a sociologia e o mundo que ela investiga. Dessa maneira, a sociologia torna-se uma espécie de "bruxaria" científica que assume uma existência própria muito distante e isolada da vida dos seres humanos que ela pretende descrever, investigar e analisar.[2] Chama-se a sociologia colocada dentro dessa barreira de científica e objetiva porque, ao contrário de toda atividade social investigada pelos sociólogos, ela é considerada singularmente livre do poder, do autointeresse e do preconceito. Os sociólogos que buscam se esconder por trás das barricadas tentam vender seus insights – ou esperam que sejam comprados pelo poder mediante bolsas de pesquisa –, por conta de sua disposição de acompanhar o carro dos governantes. O trabalho de inserir a sociologia na vida social é então passado aos outros. O resultado de toda essa desesperada negação do status da sociologia como parte integrante do mundo social que ela procura investigar tem sido pouco mais que a decadência da introspecção, a banalidade das "descobertas", uma ideologia oculta por trás da terminologia e, por último, mas não menos importante, a sedução pelo poder. Para resumir numa palavra, o resultado tem sido a *irrelevância*. O mundo vai em frente, a sociologia vai em frente, ambos raramente se encontram.

Em consequência, a sociologia precisa ser resgatada de si mesma. Isso é conhecido desde o final da década de 1950. O sociólogo americano C. Wright Mills separou, de maneira admirável, a imaginação sociológica da sociologia e mostrou como a prática desta última não tem absolutamente uma comunicação necessária com a primeira. Mills fez uma irrefutável defesa da busca da imaginação sociológica tentando se envolver numa conversa com homens e mulheres. Essa conversa estaria voltada para mostrar como os "problemas pessoais" estão inextricavelmente ligados a "questões públicas". A imaginação sociológica transforma o pessoal em político.

Não é coincidência que Mills associasse a imaginação sociológica ao trabalho de pessoas como romancistas e jornalistas. Para ele, a imaginação sociológica – tal como os romances e o jornalismo – possibilita o desenvolvimento de uma "qualidade mental" que capacita homens e mulheres a entender e narrar o que está acontecendo com eles, o que sentem e aquilo a que aspiram. Privada da imaginação sociológica, a sociologia só pode fornecer informação; e, na visão de Mills, a quantidade de informação de que o mundo dispõe já é maior que sua capacidade de lidar com ela. O mundo se atrofiou em histórias, não em informações, e onde as histórias são atrofiadas também o é a capacidade de homens e mulheres entenderem suas vidas num contexto histórico mais amplo. Então eles, nas palavras de Mills, sentem-se traídos. Assim, é tarefa da imaginação sociológica mostrar como a vida pessoal e a biografia individual estão intimamente conectadas a eventos históricos e processos estruturais. É tarefa da imaginação sociológica ajudar as pessoas a "compreender o significado de sua época em relação a suas próprias vidas", e é sua ambição, de acordo com Mills, "fazer a diferença na qualidade da vida humana em nossa época".[3]

A prática da imaginação sociológica, portanto, faz exigências ao praticante. Em primeiro lugar, é necessário desenvolver uma descrição da "época". Essa descrição age no contexto em que os homens e mulheres atuam. Ao estilo de Honoré de Balzac, ela pode insinuar-se como uma presença esmagadora nas vidas dos personagens ou, como em Anton Tchekhov, pode ser mais reservada. Apesar disso, porém, a imaginação sociológica – com sua preocupação de capacitar homens e mulheres para navegar no significado de sua época histórica e o compreender – exige uma descrição do contexto em que eles vivem. Seu propósito é constituir um contexto de compreensão, e portanto ela deve ter a facilidade de permitir que as narrativas se multipliquem. A medida da validade dessas narrativas, e na verdade da descrição do contexto, é o grau em que elas refletem a experiência historicamente vivida. Os critérios de validade não são quantitativos nem informacionais; são narrativos e experimentais.

Em segundo lugar, a prática da imaginação sociológica exige uma atenção às vidas de homens e mulheres. Aqui a generalidade da descrição da época deve se conectar a uma consciência sutilmente detalhada das vidas de homens e mulheres. Uma forma de alcançar essa consciência é o consumo de produtos da cultura popular, já que eles são populares exatamente porque tratam de experiências da vida cotidiana ou servem de compensação a estas. Enquanto o domínio da informação pode ter tornado o mundo rarefeito em histórias, o trabalho das indústrias culturais cercou a experiência vivida de um excedente delas. As histórias bem-sucedidas no mercado são as que falam de ansiedades, esperanças e aspirações gerais, embora experimentalmente particulares. Se não falassem desse modo, não seriam populares. A prática da imaginação sociológica exige uma consciência dessas histórias populares acerca dos temas pessoais da experiência vivida, assim como a construção de conexões com a descrição da época.

A necessidade de desenvolver uma descrição da época e uma consciência das histórias culturais que refletem a experiência vivida montam duas armadilhas. No primeiro caso, a descrição deve ser tão distante da experiência que parece insignificante para a compreensão das vidas. Ao mesmo tempo, uma consciência das histórias culturais pode facilmente conduzir a um colapso da imaginação sociológica, transformando-a em devoção e modismo. É possível identificar cadáveres nessas duas armadilhas, e o próprio ato de evitá-las impõe exigências ao praticante da imaginação sociológica. Ele ou ela deve situar seu trabalho no limite entre a descrição da época e as experiências vividas de homens e mulheres. A prática da imaginação sociológica demanda um trabalho a respeito de conexões, diálogos e conversas, não sobre verdades ou monólogos. Isso significa um trabalho que se recusa a se esconder por trás de barricadas e, em vez disso, envolve sua implicação no mundo social. Você sabe que encontrou um trabalho assim quando ele o faz *pensar*, quando provoca, irrita ou produz um sorriso. Você sabe que vivenciou esse trabalho quando tem um rasgo de reconhecimento imediatamente seguido por um profundo lapso de consciência. Você o sabe quando lê sobre *eles* ou *nós* e descobre algo sobre *eu*.

Na medida em que a sociologia atinge tudo isso, ela é *útil*. É útil para os homens e mulheres com dificuldades e problemas que vivenciam como seus, mas que frequentemente têm raízes nas questões públicas do momento histórico. A sociologia é *útil* quando oferece narrativas que ligam a época à experiência. A sociologia é *inútil* quando fornece informações, e ativamente *perigosa* quando é vendida aos poderosos. A sociologia é *exitosa* quando assumida por homens e mulheres como ferramenta pela qual e com a qual podem conectar suas vidas à sua época; avaliar como transformar aquelas significa agir sobre esta.

O trabalho da imaginação sociológica de Zygmunt Bauman é um trabalho *útil*. Será que é exitoso? Será que este livro terá êxito? As respostas a essas perguntas continuam desconhecidas.

Michael Hviid Jacobsen e Keith Tester

. 1 .

O que é sociologia?

MICHAEL HVIID JACOBSEN e KEITH TESTER: Olhando em retrospecto sua trajetória sociológica, vê-se que seu trabalho foi inspirado inicialmente pela sociologia polonesa das décadas de 1950 e 1960, após o que seu ambiente sociológico próximo tem sido a sociologia britânica. Como você diria – em retrospecto – que essas diferentes fontes de inspiração – a sociologia polonesa e a britânica – influenciaram e moldaram seu pensamento?

ZYGMUNT BAUMAN: "Olhando em retrospecto", como vocês me pediram, dificilmente poderia identificar um divisor de águas ou um violento choque entre "fontes de inspiração". Ao decolar da Polônia, eu já havia iniciado minhas viagens sociológicas, e pousar na Grã-Bretanha não provocou nenhuma mudança importante em meu itinerário. Separada por uma barreira linguística, a "sociologia polonesa" parecia um universo diferente, mas, por favor, tenham em mente que essa barreira era unilateral: o inglês era então a língua "oficial" no reino da sociologia, e os sociólogos poloneses liam os mesmos livros e seguiam os mesmos caprichos da moda e meandros de interesses que seus colegas do outro lado da Cortina de Ferro. Além disso, a sociologia britânica do início da década de 1970 não estava exatamente na linha de frente das tendências mundiais, e, para um recém-chegado da Universidade de Varsóvia, não havia muito com que se familiarizar; na verdade, as descobertas realizadas naquela época nas Ilhas Britânicas, em quase todos os aspectos, eram velhas e por vezes até antiquadas na área do Vístula.

A maior parte dos temas que, na minha presença, provocavam entusiasmo em meus colegas britânicos (tais como as descobertas de Gramsci, da Escola de Frankfurt, da "culturologia", da hermenêutica, da insignificância do "funcionalismo estrutural" e da magnitude do estruturalismo etc.) eu já havia examinado na companhia de meus colegas poloneses muito antes de aportar na Grã-Bretanha. Para resumir uma longa história, minha primeira década neste país pode ter sido cheia de som e fúria, por uma série de razões (e realmente o foi, como confessei a Keith Tester muito tempo atrás[1]), mas isso significou muito pouco em termos de minha visão acerca da vocação sociológica.

MHJ e KT: Você sempre definiu a sociologia como um "diálogo com a experiência humana". Isso sugere duas questões. A primeira delas é: o que você quer dizer com "experiência humana"?

ZB: Para mim isso significa tanto *Erfahrungen* [experiências] quanto *Erlebnisse* [vivências]: os dois diferentes fenômenos gerados na interface pessoa/mundo, que os alemães distinguem e separam, mas os falantes de outras línguas, por falta de termos distintos, fundem na noção de "experiência". *Erfahrung* é o que *acontece comigo* ao interagir com o mundo; *Erlebnis* é "o que eu vivencio" no curso desse encontro – o produto conjunto de minha percepção do(s) acontecimento(s) e meu esforço de absorvê-lo e torná-lo inteligível. *Erfahrung* pode almejar, e de fato almeja, o status de objetividade (supra ou interpersonalidade), enquanto *Erlebnis* é evidente, aberta e explicitamente subjetiva; e assim, com alguma simplificação, podemos traduzir esses conceitos como, respectivamente, aspectos objetivos e subjetivos da experiência; ou, acrescentando uma pitada de interpretação, a experiência elaborada e a experiência não elaborada pelo ator. A primeira pode ser apresentada como um relato proveniente do mundo externo ao ator. A segunda, como algo vindo "de dentro" do ator e concernente a pensamentos, impressões e emoções privados, só é disponível na forma de um relato feito por ele. Nos relatos da primeira categoria, ouvimos falar de eventos interpessoalmente verificáveis chamados "fatos"; os conteúdos do segundo tipo de relatos não são interpessoalmente verificáveis – as crenças relatadas pelo ator são, por assim dizer, as definitivas (e únicas) "verdades". O status epistemológico de *Erfahrungen* e *Erlebnisse* difere, portanto, enormemente – circunstância responsável por muita confusão na prática da pesquisa sociológica e acima de tudo nas interpretações de suas descobertas. A confiabilidade e a relevância de evidências fornecidas por testemunhas mudam de acordo com o objeto do testemunho – e isso se aplica a ambos os parceiros no permanente "diálogo entre a sociologia e a experiência humana".

MHJ e KT: A segunda questão: em que consiste esse diálogo? De que modo a sociologia nele se envolve e o que faz valer a pena esse envolvimento? Por que ele deveria ser lido por não sociólogos?

ZB: Como em todas as conversas, a sociologia se envolve no diálogo com a doxa laica – o senso comum ou o conhecimento do ator. Isso envolve transmitir mensagens que se transformam em estímulos, que evocam respostas, que, por sua vez, se transformam em estímulos – em princípio, *ad infinitum*. A transformação de mensagens em estímulos efetivos é mediada pela recepção, seguida pela compreensão, que envolve, como regra, uma interpretação (seletiva). Em sua variedade sociológica, o diálogo visa ao confronto entre *Erfahrungen* e *Erlebnisse*, "relativizando" assim esta última, ao mesmo tempo que busca ampliar, em vez de estreitar e limitar, o espectro de escolhas dos participantes do diálogo.

A meu ver, o objetivo crucial desse diálogo permanente é, a longo prazo, a ruptura do hábito generalizado, talvez mesmo quase universal, dos "não sociólogos" (também conhecidos como "pessoas comuns em suas vidas comuns") de fugir da categoria explanatória "a fim de", quando se trata de relatar sua conduta, empregando em vez disso um argumento do tipo "por causa de". Por trás desse hábito se encontra o pressuposto tácito, ocasionalmente articulado, porém sobretudo inconsciente e dificilmente questionado, de que "as coisas são como são" e "natureza é natureza – ponto final", assim como a convicção de que há pouco ou nada que os atores – sozinhos, em grupo ou coletivamente – possam mudar no que se refere aos veredictos da natureza.

O resultado disso é uma visão de mundo inerte, imune à argumentação. Ela acarreta uma mistura verdadeiramente mortal de duas crenças. Primeiro, a crença na inflexibilidade da ordem das coisas, da natureza humana ou da condição dos assuntos humanos. Segundo, a crença numa fraqueza humana beirando a impotência. Esse dueto de crenças estimula uma atitude que só pode ser descrita como uma "rendição antes de se travar a batalha". Étienne de la Boétie, admiravelmente, deu a essa atitude o nome de "servidão voluntária". Em *Diário de um ano ruim*, de J.M. Coetzee, o personagem C. discorda: "La Boétie está errado." E prossegue mostrando o que estava faltando naquela observação de quatro séculos atrás, e que, não obstante, está ganhando importância em nossos dias: "As alternativas não são a servidão complacente de um lado e a revolta contra ela de outro. Há uma terceira via, escolhida por milhares e milhões de pessoas todos os dias. É o caminho do quietismo, da obscuridade voluntária, da emigração interna."[2] As pessoas seguem a correnteza, obedecendo às suas rotinas diárias e antecipadamente resignadas diante da impossibilidade de mudá-la, e acima de tudo convencidas da irrelevância e ineficácia de suas ações ou de sua recusa em agir.

Com o questionamento da visão de mundo que sustenta esse "quietismo", a variedade sociológica do diálogo voltado para a expansão da liberdade individual e o potencial coletivo da humanidade dedica-se à tarefa de revelar e decifrar as características do mundo que, embora possam ser decepcionantes e ambíguas, fornecem, não obstante, algumas bases para uma espécie de visão de mundo que sustenta e galvaniza continuamente as atitudes quietistas. A "relativização" visa a ambos os lados do encontro entre *Erfahrungen* e *Erlebnisse*: é a dialética de sua interação que poderia ser chamada de objetivo último do diálogo.

MHJ e KT: Você pode dar um exemplo disso?

ZB: Permitam-me retornar por um momento ao alter ego de Coetzee; uma vez mais, ele acerta na mosca ao apontar que aquela popular e profundamente entranhada

> imagem da atividade econômica como uma corrida ou competição de certo modo é vaga em suas especificidades, mas parece que, como corrida, ela não tem linha de chegada nem, portanto, um fim natural. O objetivo do corredor é chegar à frente e ali permanecer. A questão do motivo pelo qual a vida deve ser equiparada a uma corrida, ou por que as economias nacionais devem competir entre si em lugar de se exercitarem amigavelmente em conjunto, em nome da saúde, não é colocada. Uma corrida, uma competição: é assim que são as coisas. Por natureza, nós pertencemos a diferentes nações; por natureza, as nações competem com outras nações. Nós somos como a natureza nos fez.[3]

Prossegue ele: mas de fato "nada há de inelutável no que se refere à guerra. Se queremos a guerra, podemos escolher a guerra, se queremos a paz, podemos igualmente escolher a paz. Se queremos a competição, podemos escolher a competição; alternativamente, podemos tomar o rumo da cooperação cordial".[4]

Só para não deixar espaço a dúvidas quanto ao significado de sua observação, o C. de Coetzee assinala que certamente Deus não fez o mercado – nem Deus nem o espírito da História. Se nós, seres humanos, o fizemos, não poderíamos desfazê-lo e refazê-lo de um modo mais benigno? Por que o mundo tem de ser um anfiteatro de gladiadores do tipo matar ou morrer em vez de, digamos, uma colmeia ou um formigueiro vigorosamente sinergético?[5]

Ora, isso é, sugiro eu, um motivo determinante pelo qual, como pergunta você, "os não sociólogos deveriam ler sociologia".

MHJ e KT: Isso confere prontamente à sociologia um contorno político. Qual a relação da sociologia com a política?

ZB: Inevitavelmente, por ação ou omissão, a sociologia está muito interligada à política. Numa sociedade como a nossa, dominada pelo conflito, com seus conflitos de interesse e suas políticas antagônicas, ela também tende com muita frequência a se tornar tendenciosa. Seu tema, afinal, é a interação de *Erfahrungen* e *Erlebnisse*; as *Erlebnisse* são endemicamente tendenciosas, e assim é a tarefa de decompor a ilusória "objetividade" das *Erfahrungen*.

O que torna a sociologia uma atividade intrinsecamente política é, além disso, o próprio fato de oferecer uma fonte e uma legitimação de autoridade distintas, ao contrário da política institucionalizada. Em nossa sociedade multivocal e multicentrada, essa não é, contudo, a única fonte de autoridade envolvida na competição com o establishment político – para não dizer sua única alternativa. Com a política controlada pelo Estado, dele originada e por ele autorizada cronicamente afligida pela praga da ineficácia causada por um perpétuo déficit de poder – após um longo período em que ela foi o foco de uma condensação e de uma monopolização genuínas ou almejadas –, a tendência hoje é um espectro de aspirações existenciais em permanente ampliação a se espalhar por todo o corpo social (relembremos o conceito de "política da vida", de Anthony Giddens, quando ela assume, ou é onerada com, um número sempre crescente de funções que costumavam ser abraçadas e ciumentamente protegidas pela política institucionalizada, centrada no Estado e/ou por ele orientada).

MHJ e KT: Seria a sociologia uma prática ética, e, em caso positivo, de que modo?

ZB: Tal como no caso do "político", a sociologia não pode deixar de ser ética ("*prática* ética" é, em meu vocabulário, um pleonasmo; ética *é* prática – de articular, pregar, promover e/ou impor regras de conduta moral). A moral é uma questão de responsabilidade em relação ao Outro; e o mais poderoso argumento em favor de assumir essa responsabilidade é a dependência mútua dos seres humanos, a condição que a sociologia investiga, exibe e busca infatigavelmente fazer compreender. Uma lição que um leitor de tratados sociológicos não pode deixar de extrair é a relevância das ações e inações dos outros para sua própria condição e suas expectativas, assim como a relevância de suas próprias ações e inações para as condições e expectativas dos outros; afinal, a responsabilidade que recai sobre todos nós, conscientemente ou não, em relação às condições e expectativas de cada um.

No entanto, devemos deixar claro que essas responsabilidades, quer sejam ou não evidentes e inquestionáveis, podem ser (e na verdade são) tão frequentemente *assumidas* quanto *ignoradas*. O máximo que eu arriscaria dizer é que, enquanto executam seu trabalho profissional de maneira adequada, os sociólogos estão inevitavelmente, de forma consciente ou não, preparando o terreno em que a consciência moral pode crescer, e com ela as chances de as atitudes morais serem assumidas e de a responsabilidade pelos outros ser cada vez mais aceita. Isso, porém, é o máximo que podemos avançar. O caminho que leva a um mundo moral é longo, sinuoso e cheio de armadilhas – as quais, diga-se de passagem, é tarefa do sociólogo investigar e mapear.

MHJ e KT: De que modo o diálogo que a sociologia oferece difere de outros tipos de diálogo, tais como o da literatura, da arte ou do cinema?

ZB: Os tipos de diálogo que você relacionou (e essa lista, creio que nós três concordaríamos, poderia ser ampliada) são complementares, mutuamente suplementares e reciprocamente enriquecedores. Não estão de forma alguma em competição (pelo menos, não numa competição predeterminada e inevitável) – muito menos em desacordo ou oposição. De maneira consciente ou não, deliberada ou desapaixonadamente, todos eles miram o mesmo objetivo; poder-se-ia dizer que "pertencem ao mesmo ramo de negócios".

É verdade que, além das provas de compartilhar consciente e voluntariamente a mesma vocação, podem-se encontrar com facilidade amplas evidências de rivalidade e suspeitas mútuas entre eles – numa forma tão comum e amplamente praticada, em nossa época, de alicerces movediços, referências itinerantes e identificações fluidas: a forma adequadamente denominada "arte de aparentar ser melhor que os outros" ("melhor" na arena do prestígio e na seleção para bolsas e subvenções). Trata-se, porém, de uma rivalidade *profissional*, entre *corporações de ofícios* – embora não entre *atividades* e *vocações* estritamente similares (ainda que muitas vezes os choques de interesses entre essas corporações sejam – falsamente, por assim dizer – representados como incompatibilidades entre suas respectivas atividades).

Como o grande antropólogo Frederik Barth nos ensinou muito tempo atrás, fronteiras não são estabelecidas por causa das diferenças, pelo contrário; as diferenças são avidamente procuradas e em geral encontradas ou construídas, assim como registradas com fervor, porque as fronteiras, uma vez estabelecidas, exigem fortificação e legitimação. Relembrando outros dos muitos insights de Coetzee em seu *Diário*, dessa vez inspirado na parábola dos gêmeos em guerra de René Girard, "quanto menos substantivas forem as diferenças entre as duas partes, mais amargo será o ódio mutuamente nutrido".[6]

A rivalidade com outras corporações de ofício está de fato na natureza própria dessas corporações, sendo por assim dizer a principal razão para construí-las, estabelecê-las e fortificá-las. Do ponto de vista dos destinatários e usuários de seus produtos e serviços, porém, eles são tudo, menos antagonistas. São, repito, complementares e mutuamente enriquecedores. Felizmente abundam os sinais de que hoje um número crescente de praticantes de ofícios comunicacionais está conseguindo compreender e apreciar isso; a "interdisciplinaridade" está cada vez mais *à la mode* dentro das paredes de uma academia que se torna cada vez menos confiante na segurança e no valor de mercado de suas fronteiras institucionais. Vamos esperar, porém, que os emergentes praticantes dessa "interdisciplinaridade" não venham, por sua vez, a procurar abrigo numa corporação própria.

MHJ e KT: Com efeito, muitas vezes você vincula literatura e sociologia – o papel do romance e o da sociologia. Ademais, você tem expressado uma afinidade (quando não um parentesco) intelectual com alguns dos grandes romancistas do século XX. Poderia explicar como o romance, ou, de maneira mais geral, a literatura, é capaz de enriquecer a sociologia e a apreciação que temos dela?

ZB: Em seu livro *A cortina*, Milan Kundera escreve sobre Miguel de Cervantes: "Uma cortina mágica, tecida de lendas, estava suspensa diante do mundo. Cervantes mandou Dom Quixote viajar e rasgou essa cortina. O mundo se abriu na frente do cavaleiro andante em toda a cômica nudez de sua prosa."[7] Kundera propõe que o ato de romper a cortina dos prejulgamentos foi o instante de nascimento da arte moderna. Foi um gesto destrutivo que a arte moderna desde então tem repetido interminavelmente. A repetição precisa ser (e não pode deixar de ser) interminável, uma vez que a cortina mágica logo tece remendos, conserta rasgões e fecha os buracos com novas histórias para substituir as lendas caídas em descrédito.

Trespassar a cortina é o tema principal e recorrente do livro de Kundera e a chave para a interpretação da história e do papel do romance, à qual ele é dedicado. Ele exalta Henry Fielding por aspirar ao papel de "inventor" a fim de realizar, em suas próprias palavras, "uma rápida e sagaz penetração da verdadeira essência de tudo aquilo que é objeto de nossa contemplação" – ou seja, o trespasse da cortina que nos impede de contemplar essa essência. Também elogia Jaromir John, autor de *O monstro de combustão interna*, publicado em tcheco, em 1932 (o título refere-se ao barulho mecanicamente produzido, que John considerava o demônio a governar o inferno moderno), "não somente por copiar as verdades costuradas na cortina da pré-interpretação", mas também por demonstrar a "coragem, como a de Cervantes, de rompê-la".

De maneira não inesperada para quem conhece suas "relevâncias temáticas", Kundera concentra-se nos "gestos destrutivos" dos *romancistas*. Mas a imagem da "cortina mágica" e sua ruptura me impressiona de modo tão eminentemente adequado quanto a descrição do trabalho dos praticantes da vocação *sociológica*. Ela significa rasgar a "cortina dos prejulgamentos" a fim de colocar em movimento o trabalho infindável da reinterpretação, abrindo à investigação o mundo produzido pelo homem e produtor do homem "em toda a cômica nudez de sua prosa", e assim arrancando novas potencialidades humanas da escuridão a que haviam sido lançadas, e estendendo o domínio da liberdade humana e revelando em retrospecto todo esse esforço como o ato constitutivo de uma humanidade livre. Realmente creio que é por fazer ou deixar de fazer esse trabalho que a sociologia deve ser avaliada.

Escrever um romance não é o mesmo que escrever sociologia. Cada atividade tem suas próprias técnicas e modos de proceder, assim como seus próprios critérios de adequação, que distinguem uma da outra. Mas eu diria que literatura e sociologia são irmãs: sua relação é uma mistura de rivalidade *com* apoio mútuo. Elas têm pais comuns, apresentam uma inegável semelhança familiar, servem mutuamente como pontos de referência a cuja comparação não podem resistir e são parâmetros pelos quais se mede o sucesso ou fracasso de suas buscas existenciais.

É muito natural (e inútil) para as irmãs dissecar obsessivamente suas diferenças – em particular se as semelhanças forem gritantes demais para serem desprezadas, e as afinidades, perigosamente intensas. As duas irmãs estão, afinal, em busca do mesmo objetivo – rasgar a cortina. Assim, estão "objetivamente" competindo. Mas a tarefa da emancipação humana não é um jogo de soma zero.

MHJ e KT: A última resposta explica por que você disse que o mundo da literatura e da ficção (mais do que a obra sociológica de Talcott Parsons) ajudou a moldar sua imaginação sociológica. Você mencionou especificamente a obra de Honoré de Balzac, Émile Zola, Max Fisch, Samuel Beckett e outros. Uma vez você disse que todos os livros que gostaria de levar caso fosse abandonado numa ilha deserta seriam romances (de Robert Musil, Georges Perec e Jorge Luis Borges). Nenhum deles era sociologia. O que esses autores e romancistas são capazes de fazer que tanto o atraiu e fascinou nos seus anos de formação como sociólogo, e de que maneira o trabalho deles influencia agora o modo como você pensa e pratica a sociologia?

ZB: Se você procura a verdade da "vida real", e não a "verdade" sobrecarregada com o duvidoso e presunçoso "conhecimento" de homúnculos nascidos e criados em tubos de ensaio, dificilmente poderia fazer melhor escolha que colher sugestões de gente como Franz Kafka, Robert Musil, Jorge Luis Borges, Georges Perec, Milan Kundera ou Michel Houellebecq. E se você deseja colaborar com seus leitores em sua ânsia (consciente ou não) de encontrar a verdade de seu modo próprio de ser e estar no mundo, e aprender sobre as alternativas que permanecem inexploradas, desprezadas, negligenciadas ou ocultas de sua vista (que acredito ser o único esforço que torna meritória a vocação sociológica), precisa transmitir-lhes suas mensagens, tendo-as elaborado numa linguagem que eles próprios utilizam para verbalizar sua experiência, e concentrar-se em temas conhecidos e relevantes para essa experiência. O fracasso nessa vocação deixa apenas uma alternativa: uma oferta aos administradores de ajudá-los a tornar dóceis os administrados mediante sua desumanização. Uma oferta tão fraudulenta quanto abominável, com certeza.

Existe outra razão para se aconselhar com os autores que eu relacionei, e não com aqueles como Paul Lazarsfeld, Talcott Parsons ou, nesse sentido, Barney Glaser e Anselm Strauss. Um efeito colateral nocivo e indesejável de fazer de homúnculos estatisticamente fabricados o produto fundamental das atuais práticas sociológicas é a incapacidade treinada de apreender os seres humanos em sua complexa e surpreendente integridade (em lugar de representá-los como agregados de partes e aspectos dispersos), e também os processos sociais em sua dialética e sua dinâmica (em vez de representá-los como uma concatenação das pressões de poder atualmente reconhecidas).

MHJ e KT: Com efeito, recorrer à ficção pode ser uma fonte importante de inspiração criativa para muitos intelectuais e pensadores sociais ocupados em refletir e analisar o que está acontecendo "lá fora" no mundo real. Na prática sociológica, você vê a ficção com papel particularmente importante no modo como formulamos questões, escrevemos nossos textos, analisamos temas e fenômenos, nos comunicamos com nossos leitores, pensamos sobre nós mesmos como artífices artísticos ou talvez tudo isso? Em suma, se a ficção é valiosa para o trabalho profissional dos sociólogos (e não apenas como um passatempo individual), é em que sentido?

ZB: Quer se goste ou não, relatos "científicos" e "ficcionais" (vejam vocês, essa escolha de denominações já é a priori preconceituosa e pressupõe uma resposta, e assim está condenada pela lógica como crime de *petitio principii* – ou tomar como explicação aquilo que deve ser explicado) encontram-se e confrontam-se no mesmo campo de pastagem: a experiência humana. Infelizmente o discurso sociológico, sendo no mundo todo expresso sobretudo em inglês, utiliza uma linguagem que, ao contrário de tantas outras, junta num só os dois fenômenos distintos em alemão, como já vimos, mediante os conceitos de *Erfahrungen* (que significa "o que aconteceu comigo", aspecto "objetificável" de um evento) e *Erlebnisse* (que significa as repercussões espirituais da ocorrência ou situação, o aspecto subjetivo, reconhecidamente resistente e nunca conformado à "objetificação", e que tende a jamais ser plenamente articulado). A ausência dessa distinção no discurso sociológico comum resulta numa tendência a reduzir a "realidade" sob investigação, a qual vem a ser a realidade humana, a realidade "vivida", e que exige ser tratada de maneira muito mais completa, às *Erfahrungen* – empobrecendo sua compreensão e deformando, se não falsificando de todo, sua articulação e apresentação. Uma atitude respeitosa em relação ao trabalho dos romancistas, ao que se espera, pode vacinar os sociólogos contra essa patologia e torná-los, quando não imunes, pelo menos atentos e alertas a tal ameaça.

MHJ e KT: Vamos continuar com a questão da literatura. Em seu livro *Assunto encerrado: discursos sobre literatura e sociedade*, Italo Calvino insinua que há diferentes "níveis de realidade" na ficção que a tornam não inteiramente ficcional, e que é possível encontrar algum senso de "verdade" ou alguma correspondência com a realidade nas obras de ficção. O cientista social dinamarquês Torben Berg Sorensen – após estudar e esquadrinhar meticulosamente pilhas de obras de literatura clássica (por exemplo, os textos de Franz Kafka, Fiódor Dostoievski e uma variada seleção de livros dinamarqueses) em busca de pistas e palpites sobre como entender e analisar os confrontos do cidadão com o sistema judicial – concluiu que

> não faz sentido afirmar que um romance deveria ser passível de comprovação! ... A literatura não cria necessariamente um conhecimento "confiável", ou seja, descrições corretas e detalhadas de aspectos exteriores objetivos, identificáveis, da realidade. Em vez

disso, ela vai além, tornando certas de sequências de ação mais prováveis; permite-nos seguir a pessoa a partir de dentro, enquanto ela está agindo. ... A literatura cria um conhecimento provocativo – ou seja, um conhecimento que não se encaixa em esquemas de pensamento existentes. Ela suscita problemas e faz perguntas sobre o que existe.

É realmente assim? Será que tem de ser assim? Obviamente, a ficção não é e dificilmente afirma ou pretende ser a "verdade". Entretanto, haverá alguma "verdade" na ficção, do modo como você vê?

ZB: De tudo que eu sei sobre a obra de Torben Berg Sorensen (e tudo que sei aprendi com vocês), percebo que ele e eu concordamos. No entanto, eu iria um passo além para declarar que, em minha opinião, o campo semântico da "verdade" e a "busca da verdade", da veracidade e da possibilidade de comprovação, ou, nesse sentido, da "verdade × inverdade", são – para início de conversa – equivocadamente escolhidos para se refletir sobre a coexistência de amor e ódio na ciência e na literatura. O campo semântico do monoteísmo × politeísmo (verdade × verdades) é muito mais adequado e conveniente. Ou, nesse sentido, o de ajuste × desajuste. Ou o de montagem × desmontagem de uma armadura intencionalmente protetora, mas que resulta prejudicial. Em última instância, tomando de empréstimo a Milan Kundera: um campo em que se tece e se ergue uma cortina diante da realidade em contraposição a outro em que se rompe essa cortina.

Evidentemente, existe "verdade" *na* literatura, mas é a verdade *da* literatura – da mesma forma que existe uma verdade *da* ciência, embora ela só possa ser a verdade *da* ciência. Em ambos os casos, as verdades de que estamos falando afirmam seu valor de verdade porque seguiram fielmente o código de procedimento prescrito. Não é uma questão de marcar pontos na mesma liga dos que se dedicam à busca da verdade, mas de competir em diferentes ligas para ganhar diferentes troféus. Em última instância, é a compreensão que cada um tem da vocação sociológica que determina sua escolha, e não a superioridade intrínseca de rivais e competidores na mesma corrida e na mesma pista.

MHJ e KT: Vamos passar para uma questão voltada a estruturar a direção do restante desta entrevista. Por muitos anos – pelo menos durante um século e presumivelmente por muito mais tempo – a chamada guerra "ciência × arte" foi travada na academia sem que aparentemente nenhuma das partes saísse vitoriosa da luta (embora em muitos aspectos a da "ciência" tenha obtido êxito em afirmar sua vantagem). Examinando algumas das muitas questões pertinentes e complicadas sugeridas por essa "guerra" ou esse debate – a ciência é melhor que a arte, ou vice-versa; a ciência fornece uma descrição do mundo mais precisa e realista que a arte, ou vice-versa; a ciência é mais importante para a sociedade que a arte, ou vice-versa; a ciência deveria receber mais verbas que a arte, ou vice-versa –, o que você acha que nós, sociólogos, deveríamos responder ou como deveríamos nos envolver nesse debate? Será que procurarmos nos posicionar (in/confortavelmente) em algum lugar central equivaleria a tentar resolver o problema da quadratura do círculo?

ZB: Uma recente ilustração extraída de um saco sem fundo de prognósticos autoafirmativos e autonegativos, embora reivindicando-se igualmente verdadeiros: na última Bienal de Veneza um artista e ilustrador polonês, Artur Zmijewski, repetiu o famoso experimento de Philip Zimbardo com pessoas aleatoriamente escolhidas, divididas, também aleatoriamente, entre prisioneiros e guardas penitenciários. O experimento original provocou resultados horríveis e teve de ser encerrado depois de alguns dias, quando ficou claro que os "guardas penitenciários" estavam se transformando em torturadores e assassinos, enquanto os "prisioneiros" passavam à posição de vítimas. O experimento de Zmijewski teve resultados exatamente opostos ("estimulantes", como logo foram qualificados): os dois lados cooperaram, num espírito de entendimento, tolerância e solidariedade mútuos, construindo um *modus covivendi* humano e satisfatório.

O que nos vem à mente nesse contexto é a "teoria das relações humanas", agora amplamente esquecida, porém recebida com agitação em sua época, baseada nos chamados Estudos Hawthorne, realizados por Elton Mayo, nas décadas de 1920 e 1930, nas instalações da Western Electric Company, em Hawthorne, perto de Chicago. Mayo tentou suprimir um a um os métodos coercivos utilizados para reforçar a disciplina e a submissão dos trabalhadores, e, assim, sua eficiência; ao contrário da sabedoria convencional de sua época, a eficiência dos trabalhadores aumentou sensivelmente e continuou a crescer. Para a sabedoria convencional, esse era o mais recôndito dos mistérios (todas as crenças canônicas sustentavam-se em estudos similares às medições de tempo e movimento de Frederick Taylor e na linha de montagem de Henry Ford, segundo a prática de um regime industrial baseado na punição).

Nos dois casos, a surpresa e a estupefação dos sábios foram um efeito colateral do que se pode chamar de "falácia cartesiana": o pressuposto tácito da coerência da justaposição sujeito/objeto na condição dos pesquisadores e dos pesquisados. Um pressuposto desmistificado e repudiado no momento em que os "objetos" dos experimentos de Zmijewski e Mayo se conscientizaram do fato de terem sido transformados em coparticipantes de um jogo experimental, lisonjeados pelas manifestações da importância publicamente atribuída a esse jogo e pela súbita atenção dos escalões superiores àquilo que estavam fazendo, e assim tendendo a se sentirem forçados a jogar de acordo com as regras e a realizarem da melhor maneira possível aquilo que é exigido pelo papel que lhes fora atribuído.

Seriam necessárias outras "ilustrações"? Creio que não, já que essas duas abrangem o âmago da questão. E o "âmago da questão" é, em suma, o seguinte: a verdade produzida com a ajuda dos padrões da ciência baseia-se na aplicabilidade, suposta ou genuína, da dicotomia cartesiana sujeito/objeto. Em outras palavras, ela é válida apenas na medida em que essa dicotomia se sustenta; assim, ela seria válida nas "ciências humanas" se seus objetos, humanos, fossem despidos da subjetividade – o que não era o caso nem nas tentativas mais extremas, como em Auschwitz ou no Gulag. O fator incoercível, incontrolável e inflexível que se coloca entre as verdades das ciências naturais e as das ciências sociais é precisamente a subjetividade dos seres humanos – e a consequente *identidade*, e não a *oposição* ontológica e epistemológica das condições de pesquisadores e pesquisados.

As artes diferem das ciências (incluindo sua variedade "social") por tentar apreender a verdade de seus objetos na "vida real", não em condições artificialmente simplificadas, reduzidas, "descontaminadas" e "sanitizadas" pelo "experimento ideal"; e também, o que é mais importante, pelo fato de serem forçadas e condenadas a tratar seus objetos como *sujeitos*, ou seja, a presumir a identidade de sua condição com a de seus objetos; se não por outra razão, ao menos pelo fato de que, à diferença de nêutrons, leucócitos ou camadas geológicas, seus "objetos" são criaturas dotadas da capacidade de fazer *escolhas*, e as formas de os cientistas sociais apresentarem as coisas são fatores que influenciam essas escolhas. Essa circunstância já estabelece por si só um intransponível limite ao sonho de alguns cientistas sociais de serem promovidos à condição de autoridade e prestígio de que desfrutam as ciências naturais. Quer dizer, pelo menos enquanto se fixam no exemplo das ciências naturais, dando as costas a escritores e artistas. Seus sonhos de "amadurecer" para atingir o status das ciências "naturais" são tão fúteis e tolos quanto suicidas do ponto de vista da vocação de cientistas sociais.

MHJ e KT: Sua obra muitas vezes é referida ou vista como uma variante da "teoria social crítica". Sabendo que você não se propõe a discutir uma compartimentação intelectual como essa, evitaremos perguntar o que você pensa desse rótulo. Entretanto Max Horkheimer uma vez insistiu que a teoria social crítica havia "suplantado a teologia, mas não possui nenhum novo céu para apontar, nem mesmo um céu terreno". Assim, será que precisamos hoje de uma teoria social crítica – ou, em vez disso, de uma nova teologia?

ZB: A sociologia é uma atividade crítica, já que realiza uma permanente desconstrução, no sentido que Derrida atribui a esse termo, da percepção das realidades sociais, seguida de uma contínua "política de campanha" (tal como definida por Richard Rorty) – quer codifique ou não essa prática numa "teoria". Onde ela difere profundamente da crítica inspirada na teologia é na *ausência* de um *télos* pré-postulado – pré-projetado ou pré-prognosticado: o modelo de uma "boa sociedade" antecipadamente estabelecido, visto como um equivalente/substitutivo secularizado do "Reino de Deus" que o reino dos homens busca igualar. O único atributo que a crítica sociológica (sempre inconclusa e, de modo semelhante à psicanálise freudiana, não conclusiva por princípio) está pronta a outorgar à "boa sociedade" é sua inculcada, persistente e inveterada autocrítica: sua consciência, de caráter permanente, de que nenhuma de suas atuais formas é *suficientemente boa*, cada qual tendendo, e aspirando, a novos aperfeiçoamentos. Se sua "política do movimento em direção ao *télos*" (ou "política do movimento", como Rorty a chamou) tende a reduzir o número de aperfeiçoamentos importantes e a estreitar a gama de ações postuladas, uma crítica informada por uma estratégia baseada na "política de campanha" não deseja essa redução e esse estreitamento nem acredita em sua plausibilidade.

Sou inclinado a pensar que a questão para a vida líquida moderna, incessante e desesperadamente faminta por interpretação, não é "Será que *precisamos* da teoria social crítica?": essa vida, nada mais sendo que uma crítica contínua das realidades atuais, a produz de maneira incessante, espontânea e em grande escala. Sem ela, nenhuma reflexão sobre essa vida pode começar, muito menos acabar.

A segunda eventualidade que você considera parece mais intrigante. Ela rejeita respostas inexoráveis, embora a verdadeira questão (e o problema verdadeiramente relevante) não seja se *precisamos* de uma "nova teologia", mas se somos capazes de elaborá-la de forma conclusiva. E como ela se relacionaria com a experiência da vida líquida moderna se nós, apesar de tudo, tentássemos elaborá-la.

MHJ e KT: Prosseguindo com o tema da teologia, a sociologia investiga problemas e questões; de muitas maneiras, ela pode ser compreendida como uma disciplina que busca explicar aos homens e mulheres por que eles sofrem, e como e por que a sociedade pode ser vista como a causa de seu sofrimento. Se essa afirmação está correta, seria de fato a sociologia uma teodiceia secular?

ZB: Por que *teodiceia*? Por que recorrer ao expediente astuto, porém quase universalmente ridicularizado, de Gottfried Leibniz, destinado a conciliar o inconciliável: a onipotente e onibenevolente natureza divina com a ubiquidade por demais evidente do mal? "Teodiceia" significa que o nosso mundo, com todos os seus defeitos, é o melhor possível. É óbvio (como Leibniz memoravelmente sugeriu) que a evidente contradição entre a proliferação do mal e a divina ágape tem raízes na ignorância e na incompreensão humanas. A presença do mal num mundo reconhecidamente governado por um Deus amoroso e onipotente deve (ou não?) ser *necessária para o aperfeiçoamento desse mundo* – e só se pode culpar a fragilidade e a letargia das mentes humanas por não conseguirem entender a grandiosidade do desígnio de Deus e apreender sua lógica.

Tendo compreendido essa mensagem e decifrado o raciocínio que a sustenta, Voltaire colocou a essência da teodiceia assim revelada na boca de certo Pangloss, "professor de metafísico-teológico-cosmolonigologia" e "oráculo" na corte do barão de Thunder-ten-tronckh – tal como, permitam-me acrescentar, o precursor e progenitor, tanto quanto inspiração, debaixo do túmulo, do credo de Margaret Thatcher do NHA (Não Há Alternativa). Pangloss, escreveu Voltaire, "provou admiravelmente que não existe efeito sem causa e que, no melhor dos mundos possíveis, o castelo do barão era o mais magnífico de todos, e sua senhora, a melhor de todas as baronesas". "Pode-se demonstrar", disse ele,

> que as coisas não podem ser diferentes do que são; pois, sendo todas elas criadas com uma finalidade, todas o foram necessariamente para a melhor finalidade. Observe que os narizes foram criados para usarmos óculos – e assim nós temos óculos. As pernas foram visivelmente criadas para usarmos meias – e assim nós temos meias. As pedras foram feitas para serem talhadas, e para construir castelos – assim, meu senhor tem um castelo magnífico; pois o melhor barão da província deve ser o mais bem alojado.

Piadas e gracejos à parte, a sociologia se posiciona, teimosa e enfaticamente, em aguda oposição à teodiceia; pode-se dizer que "ela é constantemente reconstituída por meio de uma oposição secular à teodiceia". As únicas exceções importantes a essa regra que me vêm à mente são a versão soviética do "materialismo histórico" (ou, como Herbert Marcuse de forma desdenhosa o chamou, o "marxismo soviético") e a monstruosamente genérica teoria de Talcott Parsons, ambos, não por acaso, de curta duração e de há muito repousando na lata de lixo da história.

A sociologia (por bem ou por mal, intencionalmente ou não, como fico repetindo) tende a solapar os alicerces sobre os quais se sustentam as crenças populares na "necessidade" e "naturalidade" de coisas, ações, tendências e processos. Ela desmascara as irracionalidades que têm contribuído para sua composição e seu prosseguimento. Revela as contingências por trás das regras e normas ostensivas, assim como as alternativas acumuladas em torno da supostamente única possibilidade (ou seja, aquela escolhida a expensas de todas as outras). No final das contas, o *métier* do sociólogo, tomando de empréstimo a alegoria de Kundera, é "rasgar as cortinas" que ocultam as realidades, que as encobrem com suas representações fraudulentas.

Evidentemente, sempre existe o perigo de que, como Theodor Adorno várias vezes advertiu, na busca da parcimônia e da elegância em seus relatos (um dos critérios orientadores da perfeição científica), a teorização sociológica possa atribuir às realidades sociais muito mais "racionalidade" do que elas de fato possuem; e a "racionalidade do mundo", observemos e lembremos, é a versão moderna (e secular) da teodiceia. O perigo sem dúvida está aí. É difícil resistir à isca, enquanto a tentação de engoli-la está inserida na lógica do empreendimento acadêmico – de modo que a incondicionalidade da postura antiteodiceana não é em absoluto uma conclusão inevitável (dificilmente haveria um poder constituído que não fosse capaz de encontrar, produzir ou comprar alguns praticantes do ofício sociológico ávidos o bastante para provar o direito deste ao status de "sem alternativa"). É preciso lembrar a ameaça e resistir à sedução. Mas no ambiente endemicamente multicentrado e dinâmico da modernidade líquida, as chances de sucesso da tentação de desviar e corromper o caráter (e, portanto, os efeitos sociais) da investigação sociológica provavelmente são menores que no passado "sólido moderno".

MHJ e KT: Partindo desse último ponto, a sociologia parece encontrar-se numa posição excepcional. É uma disciplina num estado de crise em aparência perpétuo – uma disciplina obrigada a se defender e legitimar constantemente, obcecada em debater sua própria razão de ser. Assim, mais de meio século atrás, o economista Fritz Machlup brincou com a ideia de um "complexo de inferioridade" sentido por muitos sociólogos quando comparados com as ciências naturais, mais maduras ou paradigmáticas. Você acha que a sociologia ainda padece desse complexo de inferioridade? E se assim for, como podemos curá-la?

ZB: Tal como Fritz Machlup, conheci a sociologia "mais de meio século atrás", porém, sinceramente, nem naquela época nem depois senti ou notei motivos razoáveis para vivenciar um complexo de inferioridade. Creio que tudo depende dos critérios escolhidos para atribuir um lugar à mesa da liga, e da liga em que se acredita estar jogando. Machlup é conhecido por classificar o conhecimento como um mecanismo de fazer dinheiro, e suspeito que, ao falar de "complexo de inferioridade", ele estivesse se referindo à inferioridade dos sociólogos na competição por obter verbas, bolsas, empregos desejáveis. Se minha suspeita está correta, então, em nome da clareza, seria melhor que ele usasse a expressão "complexo de privação relativa". Creio, contudo, que não é sobre a notória (e aparentemente irreparável) aspereza do caminho que leva da sociologia à riqueza que você está perguntando.

Cada um dos três "pais fundadores" da sociologia acadêmica nutriu diferentes ambições para a nova disciplina e traçou um itinerário diferente para concretizá-las. Todos estavam em busca do mesmo objetivo: queriam acrescentar a sociologia à lista dos moradores legítimos da Casa de Salomão (como Francis Bacon preferiu batizar os modernos santuários e repositórios da aprendizagem que aspiravam ao gerenciamento coletivo dos assuntos humanos). Diferiam, contudo, no modo como justificavam a reivindicação à residência.

Durkheim afirmava que as realidades que os sociólogos se dedicam a investigar atendem aos padrões das realidades estudadas pelas disciplinas acadêmicas "estabelecidas", portadoras das mais impecáveis credenciais científicas – não havendo, portanto, nenhuma razão para duvidar do potencial da sociologia para produzir conhecimento de qualidade também inquestionável.

Weber reconhecia a peculiaridade das realidades estudadas pela sociologia, mas dedicou-se a provar que essa particularidade não reduz a chance de investigá-las com o mesmo grau de precisão atribuído às realidades não humanas (ditas "objetivas").

Simmel evita ser catalogado categoricamente numa dessas duas posições. Ele apenas foi em frente envolvendo-se, por assim dizer, no diálogo com o "senso comum" – numa espécie de "hermenêutica secundária" ou "hermenêutica de segundo grau": reinterpretando o que já havia sido interpretado, a interpretação sendo a forma universal e única de construir os objetos que ocupam o *Lebenswelt* (o mundo vivido) humano. Estando a interpretação (tanto primária quanto secundária) perpetuamente *in statu nascendi*, e estando suas descobertas assim impedidas de reivindicar um status mais sólido que o de um entendimento provisório, um "perpétuo estado de crise" tende a ser o hábitat natural da sociologia. O que, contudo, em vez de dar razão a um "complexo de inferioridade", atesta a adequação da prática sociológica à tarefa à qual ela se propôs.

De modo correto ou equivocado, coloco-me entre os simmelianos fiéis. E assim acredito que nosso ofício não é cognitiva ou pragmaticamente inferior a outros ofícios desempenhados, destinados a ser desempenhados ou que se afirma serem desempenhados dentro da academia. Tal como todos eles, o nosso pode ser bem-feito ou malfeito, porém, em todo caso, precisa ser mensurado por seus próprios critérios orientados para sua tarefa.

MHJ e KT: Permanecendo nessa linha e voltando ao tema da "ciência" × "arte", e agora com particular atenção a seu impacto sobre a disciplina da sociologia e a teoria social, muitos têm afirmado que, com o advento do construcionismo, do desconstrucionismo e do pós-modernismo, com guinadas "narrativas", "retóricas" e "literárias" no campo da teoria social, e com a concomitante perda de prestígio do realismo, do positivismo e das ciências naturais como tendências na sociologia, a parcela "ciência" na "ciência social" tem sido cada vez mais – e em detrimento da disciplina – diluída ou degradada. Como você vê isso?

ZB: Vocês podem facilmente obter minhas respostas a partir de nossas conversas anteriores. Em minha opinião, ela nunca foi diluída nem degradada. E, o que é mais importante, o que aconteceu (está acontecendo, precisa acontecer) não é "em detrimento" da disciplina nem, com toda certeza, de seus potenciais usuários. Se isso de fato acontecer, vai, pelo contrário, sinalizar e identificar que a investigação sociológica está se "tornando mais razoável" e levando a sério as necessidades do único público que necessita dos serviços que a sociologia é capaz de oferecer e as exigências do único serviço que ela é capaz de responsavelmente prometer.

Diria eu: a sociologia só pode ser degradada junto com a degradação da condição humana. Mas o objetivo da sociologia que estou postulando é exatamente tornar impossível essa degradação.

MHJ e KT: Nas últimas décadas, especialmente a partir dos anos 1990, os sociólogos têm se preocupado em suas análises com o modo de combinar o micro e o macro, o subjetivo e o objetivo, o indivíduo e a estrutura, e assim por diante. Basta pensar em nomes importantes como Pierre Bourdieu, Anthony Giddens e muitos outros. Isso nos lembra, de várias maneiras, o empreendimento clássico de C. Wright Mills em *A imaginação sociológica*, de 1959 – sua ambição de vincular "questões sociais" a "problemas pessoais", ou "biografia" a "estrutura" e "história". Você nunca se posicionou nesses debates sobre a prioridade analítica do indivíduo ou da estrutura social. Refletindo sobre sua obra, como posicionaria a si mesmo e sua visão da sociologia?

ZB: A relação de amor e ódio entre micro e macro me parecia (e ainda me parece, apesar dos disfarces que sucessivamente assumiu ou vem exibindo) tão velha quanto a própria sociologia – decerto mais velha que sua primeira articulação direta entre metodologia e política, realizada por Herbert Spencer. Pode-se fechar os olhos a essa ubíqua e irremovível presença na investigação sociológica, mas dificilmente se consegue deixá-la de lado ou superá-la de forma racional. Acredito que a história da sociologia pode ser contada como um esforço contínuo para tornar essas relações menos ambivalentes e mais (se não totalmente) transparentes.

Não me recordo de ficar particularmente empolgado com o desejo de conciliar o inconciliável ou de separar o inseparável.

Desde cedo aceitei a endêmica e inevitável ambiguidade da condição humana, o impasse e o intercâmbio entre (como os chamei em *A arte da vida*) "destino" e "caráter" – e acho que tentei, para o bem ou para o mal, envolver a tarefa do sociólogo, articulada por Mills como a de ligar "biografia" e "história", na prática da "hermenêutica sociológica": decifrar a conduta humana como um intercâmbio e uma interação contínuos entre desafios situacionais ("objetivos") e estratégias de vida humanas ("subjetivas"); uma espécie de interpolação do lembrete de Marx de que "os homens fazem a sua própria história, mas não a fazem como querem", combinado com o adendo de que essas condições são sedimentos imprevistos ou produtos colaterais do processo de fazer a história. Bem, aquilo de que estou falando aqui tem no máximo a natureza de uma advertência, recomendação ou orientação heurística, e não a de um algoritmo, procurado por muitos sociólogos de modo tão apaixonado e fútil quanto os alquimistas procuravam a pedra filosofal.

Pode-se viver com esse dilema. Quanto aos sociólogos, dificilmente conseguem viver sem ele. Eu, pelo menos, não consigo.

. 2 .

Por que fazer sociologia?

MICHAEL HVIID JACOBSEN e KEITH TESTER: Por que você começou a fazer sociologia e o que o mantém motivado?

ZYGMUNT BAUMAN: Já tentei explicar isso a mim mesmo e a Keith – numa conversa que tivemos onze ou doze anos atrás. Retornando da guerra a um país prostrado, devastado, decidi transferir meu fascínio juvenil pelos mistérios do universo para aquele momento em que a miséria humana sobre a terra era objeto de atenção. Bem, quase setenta anos depois essa motivação não perdeu nada em termos de relevância, enquanto "fazer sociologia" de há muito se transformou em hábito.

MHJ e KT: Com constância e firmeza, você se identifica como sociólogo. Por que colocar a si mesmo e a seu trabalho dessa forma é tão importante para você?

ZB: Acho esse tipo de pergunta – na verdade, perversa e traiçoeira – muito difícil de responder. Farejo tentações e emboscadas de viés ideológico, estimulação do ego, autoapologia e muitas outras bobagens igualmente indignas alinhando-se no caminho que leva a uma resposta adequada (*tanto* verdadeira *quanto* sincera).

E, francamente, até nas conversas mais íntimas e privadas – comigo mesmo – muitas vezes não consegui responder a essa pergunta que vocês fazem de uma forma que me satisfizesse e também fosse adequada para se transmitir publicamente. Vocês decerto esperam uma resposta nobre, louvável, dignificante, inspiradora e reconfortante; uma resposta do tipo que me sinto incapaz de oferecer. Assim, minha resposta tende a ser decepcionante para vocês. Mas como vocês, meus queridos e respeitados amigos, me pressionam a apresentar uma resposta, sinto-me obrigado a satisfazê-los. Mas não digam que não os preveni!

Honestamente, meus amigos, não posso explicar de modo convincente (tanto aos outros quanto a mim mesmo) *por que* a sociologia é tão importante *para mim*. Tudo que posso dizer é que nunca aprendi outro modo de vida, e assim, gradualmente, talvez tenha perdido a curiosidade, mas também a habilidade e com certeza a vontade de tentar e experimentar outros modos de ser e estar no mundo. Ou talvez, depois de tantos anos refletindo sobre ela e praticando-a, a sociologia tenha se tornado para mim inseparável do resto de minha vida. Ela adquiriu furtivamente o status de "normalidade" – um status conhecido por abominar, talvez sendo incapaz de compreender, o questionamento. Há pouco tempo, deparei com uma confissão de José Saramago em que um embaraço de tipo semelhante a esse que a pergunta de vocês provocou em mim fora articulado da maneira que me parece a melhor imaginável – com um grau de clareza que pessoalmente não me afirmaria capaz de atingir. De imediato registrei meu débito para com o grande português em meu livro *Isto não é um diário*, com data de 11 de setembro de 2010. Creio que uma citação desse meu não diário seja a única resposta sensata à pergunta de vocês que posso oferecer.

"Falamos pela mesma razão que transpiramos? Apenas porque sim?", pergunta Saramago. O suor, como sabemos, logo se evapora ou é lavado com diligência, e, "mais tarde ou mais cedo chegará às nuvens". Talvez este seja, à sua própria maneira, o destino das palavras.[1]

E então Saramago relembra seu avô Jerônimo, que, "nas suas últimas horas, se foi despedir das árvores que havia plantado, abraçando-as e chorando porque sabia que não voltaria a vê-las. A lição é boa. Abraço pois as palavras que escrevi, desejo-lhes longa vida e recomeço a escrita no ponto em que tinha parado".
Acrescenta ele: "Não há outra resposta."[2] Assim seja.
Saramago registrou esses pensamentos aos 86 anos – um ano mais novo que eu quando pela primeira vez os citei.

MHJ e KT: Em sua palestra inaugural em Leeds, em fevereiro de 1972, você expressou os seguintes votos para a sociologia: que "nossa vocação, após todos esses anos sem romantismos, possa se tornar novamente um campo de testes de coragem, coerência e lealdade aos valores humanos". Será que isso ainda se aplica hoje à sociologia – e estará essa ideia do "campo de testes", em sua visão, em algum lugar do futuro próximo?

ZB: Aos votos, sim, ela se aplica, e totalmente. Parece tão estimulante, urgente e imperativa quanto quarenta anos atrás. À prática, porém, nem tanto. Muito menos, em todo caso, do que deveria. As probabilidades são simultaneamente favoráveis aos votos e desfavoráveis à prática. O mesmo mundo estimula os votos e acumula obstáculos à sua concretização.
Um dos obstáculos mais formidáveis está na inércia institucional. Bem estabelecida no mundo acadêmico, a sociologia desenvolveu uma capacidade de autorreprodução que a torna imune ao critério da relevância (protegida em relação às consequências de sua irrelevância social). Uma vez tendo aprendido os métodos de pesquisa, sempre se pode obter o diploma acadêmico, desde que se atendo a eles sem ousar desviar-se dos caminhos escolhidos pelos examinadores (como Abraham Maslow causticamente observou, a ciência é um mecanismo que permite a pessoas não criativas envolverem-se num trabalho criativo). Os departamentos de sociologia ao redor do mundo podem con-

tinuar indefinidamente a fornecer diplomas e empregos na área de ensino, num processo de autorreprodução e autorregeneração, simplesmente realizando movimentos rotineiros de autogeração. A opção mais dura, a coragem exigida para colocar a lealdade aos valores humanos acima de outras, menos arriscadas, pode ser, portanto, ao menos num futuro previsível, posta de lado e evitada. Ou pelo menos marginalizada.

Dois dos grandes pais da sociologia, com ouvidos muito aguçados para as exigências de sua missão referentes à coragem, Karl Marx e Georg Simmel, passaram suas vidas fora das paredes da academia. O terceiro, Max Weber, passou a maior parte de sua vida acadêmica em licença trabalhista. Teria sido mera coincidência?

MHJ e KT: Para quem você escreve? Para um público em cuja existência você confia ou para um público que ainda está por se constituir – para um público presumido? Se é para este último que você escreve – um público presumido –, como concilia isso com as pressões de editores que desejam um público definido?

ZB: Eu me desculpo de antemão pelo longo argumento que sua pergunta tende a provocar. Embora aparentemente simples, ela não pode ser respondida sem um olhar retrospectivo, em busca dos motivos que a fizeram ser apresentada e de se buscar uma resposta adequada.

Minha geração testemunhou uma lenta porém contínua decomposição do "agente histórico", os intelectuais preocupados com os padrões "orgânicos" estabelecidos para eles pelo código de conduta de Antonio Gramsci esperavam conduzir e/ou ser conduzidos a uma terra em que a longa marcha rumo à liberdade, à igualdade e à fraternidade – esboçada pelos pensadores do Iluminismo, mas depois desviada para becos sem saída capitalistas ou comunistas – finalmente alcançaria seu destino socialista.

Pelo menos por um século, a principal escolha intelectual para o papel de "agente histórico" da emancipação era um coletivo composto pelo conjunto de habilidades e aptidões sumariamente categorizado como "classe trabalhadora". Unida pela venda de sua força de trabalho por um preço fraudulento e pela negação da dignidade humana que acompanhava essa venda, esperava-se que a classe trabalhadora se tornasse uma parcela da humanidade que, segundo a inesquecível sentença de Karl Marx, não poderia se emancipar sem emancipar toda a sociedade humana; assim como não poderia pôr fim à sua miséria se não pusesse fim a toda a miséria humana. Tendo-lhe sido atribuída essa capacidade, a classe trabalhadora parecia oferecer um abrigo natural e seguro à esperança; um abrigo tanto mais seguro quanto as cidades longínquas, em que os autores das primeiras utopias modernas costumavam situar os déspotas esclarecidos que impunham legalmente a felicidade a seus súditos inconscientes ou relutantes.

Se essa atribuição se justificava ou não, esta foi desde o princípio uma questão irrelevante. Podia-se argumentar que, contrariamente à crença de Marx, a inquietação nos pátios das primeiras fábricas capitalistas era estimulada mais pela perda de segurança do que pelo amor à liberdade; e que, quando essa segurança fosse recobrada ou restaurada sobre outras bases, a inquietação inevitavelmente se dissiparia, cessando muito antes de concretizar seu potencial supostamente revolucionário.

Com efeito, após um período inicial de turbulência associado à fusão das estruturas econômicas e sociais pré-modernas, veio um período de "relativa estabilidade", sustentado pelas emergentes estruturas, em aparência sólidas, da sociedade industrial. Os instrumentos politicamente administrados de "recomodificação do capital e do trabalho" fizeram nascer uma característica constante do mundo capitalista; e com o Estado tendo para si o papel ativo de "escorvar a bomba", promovendo e garantindo a expansão extensiva e intensiva da economia capitalista, por um lado, e o recondicionamento e a reabilitação da força de trabalho mediante os múltiplos arranjos do Estado social, por outro. Apesar da dureza das dificuldades sofridas na ponta receptora da expansão capitalista, e do incômodo causado pelo medo dos periódicos surtos de depressão econômica, as estruturas destinadas a acomodar expectativas permanentes e equipadas com ferramentas de reparação testadas e confiáveis pareciam firmemente estabelecidas, permitindo o planejamento a longo prazo das vidas dos indivíduos, a confiança no futuro e um crescente sentimento de segurança. Capital e trabalho, ligados por uma dependência mútua aparentemente inquebrantável, cada vez mais convencidos da permanência de seu vínculo e certos de se "encontrarem inúmeras vezes" nos tempos vindouros, buscavam e descobriam modos de coexistência mutuamente benéficos e promissores, ou pelo menos toleráveis – interrompidos por constantes cabos de guerra, mas também por rodadas de renegociação exitosa das regras de cooperação.

MHJ e KT: Assim, era preciso criar um "agente histórico" porque capital e trabalho estavam presos um ao outro, e não separados?

ZB: Frustrado e impaciente diante do modo como as coisas pareciam estar caminhando, Lênin queixou-se de que, caso fossem deixados por conta de seus próprios impulsos e ambições, os trabalhadores só iriam desenvolver uma "mentalidade sindicalista" e, portanto, demasiado estreita para desempenharem sua missão histórica. O que irritava Lênin, criador da estratégia do "atalho" e dos "revolucionários profissionais", também foi identificado por seu contemporâneo Eduard Bernstein, mas visto com uma equanimidade relativamente otimista. Bernstein foi o criador (com uma ajuda não desprezível dos fabianos) do programa "revisionista" de conciliação, de busca de valores e intenções socialistas no interior da estrutura econômica e política de uma sociedade essencialmente capitalista, assim como de um "avanço" permanente, embora gradual, em lugar da reconstrução revolucionária, de uma vez por todas, do status quo.

Como os fatos continuaram confirmando as previsões de Lênin, sombrias, e as de Bernstein, otimistas, György Lukács explicou a evidente relutância da história em seguir o prognóstico original de Marx com o conceito feito sob medida (que, contudo, lembrava as sombras na parede da caverna de Platão) de "falsa consciência", que a falaciosa "totalidade" do capitalismo insidiosamente promove e continuará promovendo, a menos que seja contra-atacada pelos esforços de intelectuais em luta para sobrepujar as aparências enganosas e atingir a inexorável verdade das leis da história – e, seguindo o padrão dos sábios de Platão, compartilhar suas descobertas com os iludidos habitantes da caverna.

Quando combinada ao conceito gramsciano de "intelectuais orgânicos", a reinterpretação de Lukács dos caprichos da história pós-Marx elevou a novas alturas o destino histórico e, portanto, a responsabilidade ética e política dos intelectuais. Mas, da mesma forma, abriu-se uma caixa de Pandora de acusações, imputações de culpa e suspeitas de traição recíprocas, e teve início uma era de denúncias de *trahisons des clercs*, guerras não cívicas, difamações mútuas, caça às bruxas e assassinatos de reputações. Se o movimento trabalhista não conseguia comportar-se conforme o prognóstico, em particular, se ele se desviou da derrubada revolucionária do poder capitalista, a culpa era dos intelectuais que não tinham cumprido seu dever ou que haviam fracassado em seu desempenho.

Paradoxalmente, a adoção de uma visão tão desabonadora de si mesmos era, para intelectuais reconhecidos, aspirantes ou fracassados, uma tentação difícil de resistir, de vez que transformava até as demonstrações mais espetaculares de sua fragilidade teórica e impotência prática em argumentos poderosos em favor da reavaliação de seu papel histórico fundamental. Lembro-me de ouvir, logo depois de chegar à Grã-Bretanha, um estudante de doutorado que, após analisar alguns textos de Sidney Webb, correu a proclamar, com a inadequada aprovação da plateia que se espremia para assistir ao seminário, que as causas da chegada tardia da revolução socialista à Grã-Bretanha estavam todas ali presentes.

Havia inscrições na parede que, se lidas com cuidado, lançariam dúvidas sobre a arrogância intelectualista da "Nova Esquerda" britânica; mas os pensamentos de Gramsci ou Lukács, recentemente redescobertos, não ajudavam a decodificar as mensagens por elas transmitidas. Como ligar a inquietação estudantil, digamos, ao inverno do descontentamento?* Estaríamos testemunhando ações preventivas de tropas em retirada, ou unidades de vanguarda de exércitos em marcha? Seriam ecos distantes e alertas tardios de guerras antigas, ou sinais e presságios de conflitos vindouros? Sintomas de um fim ou de um começo? Se fosse um começo, a que levaria?

As notícias do exterior só aumentavam a perplexidade e a confusão, com os anúncios de "adeus ao proletariado" infiltrando-se a partir do outro lado do Canal, juntamente com as exortações de Louis Althusser de que finalmente chegara o momento da ação revolucionária. A visão encantadora de E.P. Thompson da imaculada conceição ou partogênese da classe operária foi recebida com ataque frontal dos editores da *New Left Review* em função de sua pobreza teórica (significando, provavelmente, a ausência conspícua de intelectuais no edificante texto de Thompson).

MHJ e KT: Você percebeu isso naquela época?

ZB: É tentador, mas seria desonesto e enganoso proclamar retrospectivamente sua própria sabedoria avançada, tal como seria injusto e não esclarecedor culpar por sua confusão os que estavam envolvidos naqueles acontecimentos de ritmo acelerado. O iminente fim dos "trinta anos gloriosos" (as três décadas do pós-guerra só foram assim denominadas após o fim das condições que elas representaram, e só quando se tornou óbvio

---

* Referência ao inverno de 1978-79, marcado na Grã-Bretanha por uma série de greves, cortes de energia e rebeliões internas no Partido Trabalhista, então no poder. (N.T.)

que estas tinham terminado) desestabilizou o mundo habitual e tornou inúteis as ferramentas comprovadas de investigação e descrição deste mundo. O tempo de palpites e adivinhações havia chegado; as ortodoxias enfiaram-se em trincheiras cada vez mais profundas, enquanto as heresias, crescendo em espessura sobre o solo, avançavam em termos de coragem e impertinência, embora sem chegar perto de um consenso.

Assim, a fonte oculta ou explicitamente assinalada da anarquia intelectual foi a aparente desintegração do agente histórico, vivenciada de início pela esquerda intelectual como uma crescente separação e ruptura da comunicação com "o movimento".

MHJ e KT: Pode-se afirmar que, na esteira do processo que você acaba de delinear, a academia e os intelectuais recolheram-se ao seu mundo próprio, por trás do que poderíamos chamar de "barreira do jargão". Essa barreira garantia que as teorias permanecessem válidas mesmo que pouco ou nada tivessem a dizer sobre a experiência vivida. Como é que você vê isso?

ZB: À medida que os postulados e prognósticos teoricamente impecáveis foram refutados, um após outro, pelos eventos, os círculos intelectuais voltaram-se cada vez mais zelosa e conspicuamente para interesses e assuntos autorreferenciais, como que obedecendo ao anúncio feito por Michel Foucault do advento da era dos "intelectuais específicos". Se o conceito de intelectual "específico" ou "especializado" podia ser algo mais que um paradoxo, era evidentemente, como continua a ser, uma questão problemática. Mas quer a aplicação do termo "intelectual" seja ou não legítima no caso de docentes universitários em visita à arena pública apenas por ocasião de sucessivos desacordos sobre seus salários, ou de artistas em protesto contra sucessivos cortes nas verbas destinadas ao teatro ou à produção cinematográfica, uma coisa é certa: para essa nova e institucionalmente confinada variedade de posições políticas e lutas por poder, a figura do "agente histórico" é totalmente irrelevante e pode ser eliminada da agenda sem consciência culpada e, acima de tudo, sem o travo amargo de uma perda.

Entretanto, será que a esperança e a tarefa da emancipação devem seguir o evanescente "agente histórico" até o abismo, tal como os marinheiros que atenderam ao apelo do capitão Ahab? Gostaria de afirmar que a obra de Theodor W. Adorno pode ser reinterpretada como uma longa e profunda tentativa de confrontar essa pergunta e justificar um enfático "não" como resposta. Afinal, muito antes de a paixão dos intelectuais britânicos pelo agente histórico começar a definhar, Adorno preveniu Walter Benjamin, seu amigo mais velho, contra o que chamou de "motivos brechtianos": a esperança de que os "verdadeiros trabalhadores" salvariam a arte da perda de sua aura ou seriam salvos pela "proximidade do efeito estético combinado" da arte revolucionária. A esse respeito, os "verdadeiros trabalhadores", insistiu ele, "de fato não desfrutam de vantagens sobre seus correlativos burgueses" – eles "portam todas as marcas de mutilação do típico caráter burguês". E então vem o tiro de misericórdia: cuidado ao "transformar nossa necessidade" (a dos intelectuais que "precisam do proletariado para a revolução") "numa virtude do proletariado, como somos constantemente tentados a fazer".

Ao mesmo tempo, Adorno insistia que, embora as perspectivas de emancipação humana concentradas na ideia de uma sociedade diferente e melhor agora pareçam menos empolgantes do que as que pareciam tão evidentes para Marx, as acusações por este levantadas contra um mundo indesculpavelmente hostil à humanidade não perderam coisa alguma de sua relevância; e a prova conclusiva da falácia das ambições emancipatórias originais ainda não foi apresentada por um júri competente. Assim, não há razão suficiente, muito menos necessária, para tirar da agenda a emancipação. Pelo contrário: a nociva persistência das adversidades sociais é mais uma razão claramente poderosa para se tentar de forma ainda mais tenaz.

A advertência de Adorno é tão relevante hoje quanto o era quando foi pela primeira vez expressa por escrito: "A presença perene do sofrimento, do medo e da ameaça torna necessário que o pensamento que não possa ser realizado não seja descartado." Agora, tal como naquela época, "a filosofia deve vir a conhecer, sem nenhuma atenuação, o motivo pelo qual o mundo – que poderia ser o paraíso aqui e agora – pode se tornar o próprio inferno amanhã". A diferença entre "agora" e "naquela época" deve ser buscada em outro lugar que não a perda da urgência da tarefa da emancipação ou a descoberta de que esse sonho era infundado.

O que Adorno se apressou em acrescentar, contudo, foi o seguinte: se, para Marx, o mundo parecia estar preparado para se transformar num paraíso "lá e então" e pronto para uma guinada de 180 graus, e se, portanto, parecia que "a possibilidade de mudar o mundo 'de cima a baixo' era algo imediatamente presente" – esse não é mais o caso, se é que um dia o foi ("só a teimosia pode sustentar a tese tal como Marx a formulou"). É a possibilidade de um *atalho* para um mundo mais adequado à humanidade que hoje se perdeu de vista.

MHJ e KT: Não existem atalhos – mas ainda restarão caminhos para um mundo melhor?

ZB: Eu também diria que não restaram pontes visíveis entre este mundo, aqui e agora, e esse outro mundo "emancipado", receptivo à humanidade e "amigável ao usuário". Tampouco há multidões ávidas por atravessar freneticamente toda a extensão da ponte se esta fosse projetada, nem veículos esperando para conduzir os voluntários para o outro lado e deixá-los sãos e salvos em seu destino. Não é possível ter certeza sobre como uma ponte utilizável pode ser projetada e onde o acesso a ela poderia se localizar ao longo da margem para facilitar o tráfego tranquilo e adequado. As possibilidades, concluir-se-ia, *não* estão prontamente presentes.

Assim, onde isso deixa os intelectuais, os guardiões das esperanças e das promessas não realizadas do passado, os críticos daqueles culpados no presente de esquecer as esperanças e promessas e de abandoná-las irrealizadas?

Como Adorno inúmeras vezes adverte, "nenhum pensamento é imune à sua comunicação, e basta já expressá-lo num falso lugar e num falso acordo para minar sua verdade". Do mesmo modo, quando se trata de se comunicar com os atores, atores potenciais, atores fracassados e aqueles que relutam em se envolver na ação, "para o intelectual, o isolamento inviolável é agora a única maneira de mostrar algum grau de solidariedade" com os que estão "por baixo e por fora". Essa reclusão autoinfligida não é, na visão de Adorno, um ato de traição; tampouco um sinal de retirada ou um gesto de desdém (as duas coisas são conectadas: "o desdém e o não se achar o melhor são a mesma coisa", assinalou ele). Ela também não sinalizava uma intenção de interromper a comunicação – apenas a determinação de proteger a "verdade" das perspectivas humanas de emancipação da ameaça de ser "minada". Manter distância, paradoxalmente, era um ato de envolvimento, da única forma que o envolvimento com esperanças frustradas ou traídas pode assumir com sensatez: "O observador isolado está tão enredado quanto o participante; sua única vantagem é a percepção de seu enredamento e a liberdade infinitesimal que reside no conhecimento em si." A estratégia de comunicação proposta por Adorno é a de uma "mensagem na garrafa".

A metáfora da "mensagem na garrafa" implica dois pressupostos: que existe uma mensagem adequada a ser escrita e digna do trabalho necessário para pôr a garrafa a flutuar; e que, uma vez encontrada e lida (num momento que não pode ser definido de antemão), a mensagem ainda será digna do esforço de quem a encontrou de tirá-la da garrafa e consumi-la, absorvê-la e adotá-la. Em alguns casos, como o de Adorno, confiar a mensagem ao leitor desconhecido de um futuro indefinido pode ser preferível a transmiti-la aos contemporâneos considerados despreparados ou indispostos a ouvir, que dirá apreender e reter o que ouviram. Em tais casos, enviar a mensagem a um espaço e a um tempo não mapeados baseia-se na esperança de que sua força possa sobreviver à atual indiferença e às condições (transitórias) que provocaram a negligência. O expediente da "mensagem na garrafa" faz sentido se (e apenas se) quem a ele recorre acredita que os valores sejam eternos ou pelo menos de importância mais que momentânea; que as verdades sejam universais ou pelo menos não apenas paroquiais, suspeitando que as preocupações que hoje desencadeiam a busca da verdade e a mobilização em defesa de valores, ao contrário das preocupações momentâneas com o "gerenciamento de crises", irão persistir. A mensagem na garrafa é um testemunho da *transitoriedade da frustração* e da *permanência da esperança*, da *indestrutibilidade das possibilidades* e da *fragilidade das adversidades* que impedem sua implementação. Na versão de Adorno, a teoria crítica é um testemunho desse tipo, e isso justifica a mensagem na garrafa.

MHJ e KT: Qual a mensagem na garrafa?

ZB: No pós-escrito de sua última *opus magnum*, *A miséria do mundo*,[3] Pierre Bourdieu assinalou que o número de personalidades no cenário político capazes de entender e articular as expectativas e demandas de seus eleitores está diminuindo depressa. O espaço político olha para dentro e tende a se fechar sobre si mesmo. Ele precisa ser novamente aberto, e isso só pode ser feito tornando problemas e anseios "privados" (muitas vezes amorfos e inarticulados) diretamente relevantes para o processo político (e, por conseguinte, vice-versa). Isso, porém, é mais fácil dizer que fazer, já que o discurso público está inundado das *prénotions* de Émile Durkheim – os pressupostos raramente expostos e ainda menos frequentemente analisados que são apresentados de forma acrítica sempre que a experiência subjetiva é elevada até o nível do discurso público e sempre que problemas privados são categorizados como questões públicas.

Para prestar seu serviço à experiência humana, a sociologia precisa começar limpando o terreno. A avaliação crítica de *pré-*

notions tácitas ou clamorosas deve avançar juntamente com um esforço para tornar visíveis e audíveis aspectos da experiência que de hábito permanecem além dos horizontes dos indivíduos ou abaixo do limiar da consciência individual.

Um momento de reflexão vai mostrar, contudo, que "proporcionar consciência dos mecanismos que tornam a vida dolorosa ou até impossível não significa neutralizá-los; trazer à luz as contradições não significa resolvê-las". Um caminho longo e tortuoso se estende entre o reconhecimento das raízes de um problema e sua erradicação, e dar o primeiro passo não garante de maneira alguma que outros venham a ser dados, muito menos que o caminho seja percorrido até o fim. E no entanto não há como negar a importância crucial de começar, de desnudar a complexa rede de vínculos causais entre dores individualmente sofridas e condições coletivamente produzidas.

Em sociologia, e mais ainda numa sociologia que luta para estar à altura da tarefa que lhe cabe, o começo é ainda mais decisivo que em outras áreas; é o primeiro passo que indica e abre o caminho para a correção que de outro modo não iria existir, que dirá ser notado. Com efeito, deve-se memorizar – e praticar da melhor maneira possível – o mandamento de Bourdieu: "Os que têm a oportunidade de dedicar suas vidas ao estudo do mundo social não podem permanecer neutros e indiferentes diante das lutas que têm como motivo o futuro do mundo."

Agora posso voltar à sua pergunta sobre "para quem eu escrevo". Mas creio que isso não é mais necessário, pois a recapitulação da experiência de minha geração fornece a melhor resposta que posso oferecer – se não por minha prática tal como ela tem sido, ao menos pelo modo como eu gostaria muito que ela fosse. Talvez eu escreva mensagens destinadas a uma garrafa. Mensagens em garrafas não têm destinatários pré-selecionados (se tivessem, não haveria necessidade de lançá-las ao mar), porém acredito que as mensagens busquem e encontrem seus destinos, tal como "mísseis inteligentes": escolher entre os marinheiros encarregados por nossa sociedade líquida moderna da tarefa de buscar e encontrar soluções para os problemas confronta-os com aqueles que podem estar ávidos por abrir as garrafas e absorver as mensagens que encontrarem dentro delas.

MHJ e KT: As respostas que você acabou de dar lançam luz sobre aquilo que às vezes você chama, transitoriamente, de sua metodologia da hermenêutica sociológica. O que é hermenêutica sociológica? Você também tem mencionado algumas vezes que usa a sociologia como um "sexto sentido". O que é isso?

ZB: Meu tipo de sociologia eu chamo de *hermenêutica sociológica*. Consiste na interpretação das escolhas humanas como manifestações de estratégias construídas em resposta aos desafios de uma situação socialmente configurada e onde a pessoa foi colocada.

As escolhas humanas não são mais determinadas – embora também não o sejam menos – do que o são os movimentos dos jogadores de carteado pelas cartas que eles têm na mão. O lugar em que se está numa situação manipula a distribuição de possibilidades. Ele separa os movimentos viáveis dos inviáveis, assim como os mais prováveis dos menos prováveis. Mas nunca elimina totalmente a escolha. Mesmo jogadores tão habilidosos e astutos como os comandantes de Auschwitz ou Kolyma e seus auxiliares jamais conseguiram chegar a esse ponto. O poder humano significa a capacidade de manipular as probabilidades das escolhas humanas. Nenhum poder humano, contudo, é capaz de expropriar a capacidade de escolha dos seres humanos. A propósito, este é o motivo pelo qual a sociologia deveria abandonar suas ambições de elaborar "previsões científicas" e reivindicar o pleno status de "ciência"; a irremovível capacidade humana de escolher iria perceber que as previsões nunca ultrapassam o nível de um cálculo de probabilidades.

Quando digo "hermenêutica sociológica" não estou me referindo a uma variante distinta da atividade sociológica, a um estilo idiossincrático de conduzi-la, tampouco a uma escola autossuficiente. A hermenêutica sociológica é o postulado de que o esforço de compreensão das realidades humanas deveria ser feito com ferramentas sociológicas. Vocês podem dizer que eu estou reivindicando para a sociologia como um todo (ou seja, para a investigação permanente das diferenças construídas por seres humanos, ao mesmo tempo produtores e produtos da realidade social) um papel preponderante, quase decisivo, no esforço de compreender e explicar (que, no caso dos seres humanos, significa quase o mesmo) a conduta humana e os vernizes verbais que a precedem ou sucedem. Ou podem dizer que não proponho reformar a sociologia por meio da hermenêutica, mas a hermenêutica por meio da sociologia. O postulado da "hermenêutica *sociológica*" exige que sempre que busquemos o significado dos pensamentos ou ações humanos devemos examinar as condições socialmente configuradas das pessoas cujos pensamentos ou ações pretendamos entender/explicar. Em outras palavras, a hermenêutica da conduta humana é basicamente uma operação sociológica, e não semântica ou filosófica.

Trata-se, infelizmente, de um postulado muitíssimo mais difícil de abordar que no caso das demandas expostas na maioria dos "manuais de pesquisa sociológica", elaborados para a doutrinação de alunos de primeiro ano. As formas de procedimento na "hermenêutica sociológica" são irritantemente resistentes à codificação; recusam-se a ser reduzidas a um número finito de regras algorítmicas, destinadas a serem memorizadas e seguidas com pouca hesitação e nenhuma consciência culpada graças à absolvição da responsabilidade que constitui o significado e a principal atração da regra. Daí a referência a um "sexto sentido sociológico" – em outras palavras, à *intuição*, algo próximo ao apelo de E.M. Forster de "Apenas se conecte", cuja correção não pode ser garantida de antemão, que não precisa justificar-se num diálogo (ou polílogo) – possivelmente num argumento sem final visível, muito menos solução. Isso torna bastante nebulosa a expectativa de "elevar" a sociologia à categoria de ciência exata. Ora, os seres humanos, as criaturas que estabeleceram os padrões da ciência que inventaram e praticam, reconhecidamente relutam em se submeter às suas próprias exigências.

MHJ e KT: Na sua palestra inaugural em Leeds, você afirmou que a missão da sociologia era dar "poder aos impotentes" e continuou dizendo que, sem essa capacidade, a sociologia teria de aceitar "sua própria impotência para compreender o mundo social". Ainda sustenta essa posição?

ZB: Desde que disse isso, nunca encontrei nenhum motivo para mudar de ideia. Pelo contrário, encontrei um monte de razões extras para me agarrar a ela.

MHJ e KT: Na clássica peça de Terence Rattigan, *The Browning Version*, de 1948 (depois adaptada para o cinema com o título de *Nunca te amei*), travamos conhecimento com o personagem principal, Andrew Crocker-Harris, o qual está percebendo como as matérias que leciona há décadas – grego e latim – sofrem uma pressão cada vez maior e são consideradas irrelevantes ou ultrapassadas em função da ciência e do esporte, agora populares. Crocker-Harris, em sua aposentadoria forçada perto do final da peça, afirma dramaticamente a um público composto por colegas, alunos e pais: "Como podemos ter a esperança de moldar seres humanos civilizados quando não mais acreditamos na civilização?" A sociologia envelhece cada vez mais num mundo – como o de Crocker-Harris – que valoriza o novo e o que está na moda. A sociologia ainda teria a chance, na modernidade líquida, de ajudar a moldar seres humanos civilizados?

ZB: Sim, a sociologia, tal como o grego e o latim, pode ser considerada uma contribuição à civilização, mas não no mesmo sentido. E Crocker-Harris – observando, tal como muitos outros, com um misto de espanto e desespero, as guinadas e reviravoltas no modo de coexistência de seus contemporâneos – pode ter sido um pouco apressado ao escrever o obituário da civilização.

Os fins (de X, Y, Z e o que quer que seja, da história, da modernidade, da sociedade de classes, da sociedade industrial, da cultura letrada e do público leitor, dos livros, do próprio mundo) já foram anunciados repetidas vezes no curso de minha existência indesculpavelmente longa para que eu possa enumerá-los.

Isso é, afinal, o que se poderia e deveria esperar de pessoas vivendo numa era de interregno, como tem sido o nosso caso neste último meio século – uma época em que, de modo cada vez mais gritante e conspícuo, os velhos modos de agir deixaram de funcionar, enquanto outros, mais ajustados a um cenário em rápida mudança e a seus novos desafios, ainda não saíram dos escritórios de planejamento. Mas a parte "civilizada" da história humana foi desde o princípio, e provavelmente continuará a ser, uma mistura de aprendizado e esquecimento.

Muito poucos de nossos contemporâneos são fluentes em grego ou latim, um número menor ainda é capaz de tocar os instrumentos musicais rotineiramente usados para acompanhar o canto medieval, e quantos de nós podemos produzir fogo com pederneira e pavio? Adquirir novas habilidades sem abandonar as antigas é quase impossível. Para ter sucesso em enfrentar novos desafios – não menos problemáticos que os antigos, embora profundamente diferentes –, as velhas habilidades são de pouca ajuda, de modo que novas habilidades são exigidas. Para Crocker-Harris, que dedicou sua existência a instilar admiração e respeito por velhas e antiquadas habilidades, cada vez mais irrelevantes, isso tendia a significar uma declaração de fracasso pessoal e uma vida desperdiçada.

Mas a vocação da sociologia é fornecer *orientação* em um mundo reconhecidamente em mudança. E essa vocação só pode ser realizada delineando-se as mudanças e suas consequências, assim como investigando as estratégias de vida adequadas para lidar com suas exigências. Creio que um mundo que exige uma reorientação contínua é o hábitat natural da pesquisa sociológica e dos serviços que a sociologia pode e deve oferecer.

MHJ e KT: Mas para onde orientamos? Pode-se afirmar que uma sociedade profundamente individualizada – como é o caso de nossa sociedade líquida moderna, de acordo com sua análise – alimenta o culto a um intelectualismo individualizado. Hoje, ao que parece, muito poucos leitores, estudantes e até intelectuais se identificam com grandes paradigmas ou escolas de pensamento teórico, mas parecem, em vez disso, deleitar-se com os textos de sociólogos como por exemplo Bourdieu, Habermas, Luhmann... e Bauman – como indivíduos. Assim, seu próprio nome chega a ser mencionado em termos de "guru intelectual", "superstar acadêmico" ou "sociólogo mundialmente famoso". Por que você acha que estamos vendo hoje essa tendência a idolatrar certos pensadores sociais como indivíduos?

ZB: Não se trata de uma aflição específica da sociologia. Pelo contrário, a sociologia segue um padrão comum a todos os ramos do conhecimento, aos mapas mentais do *Lebenswelt* [mundo da vida], à estrutura do *Lebenswelt* em si. Um padrão cuja breve história e cujas características emergentes tentei captar e resumir sob a rubrica do progressivo enfraquecimento ou mesmo colapso dos vínculos humanos e da nova fragilidade e condição ad hoc e reconhecidamente temporária, assim como cada vez mais efêmera, das estruturas – com efeito, a própria noção de "modernidade líquida".

O padrão em pauta manifesta-se nas tendências à fragmentação, à divisão em episódios, desregulamentação, individualização, privatização e (sim!) personalização, afetando quase todas as áreas da interação humana, bem como a *Weltanschauung* ou visão de mundo que atualmente predomina. A base de todas essas multifárias versões e aplicações, e talvez sua fonte e inspiração comuns, é a descoberta de que, entre as entidades hoje discerníveis no mundo da experiência humana, só a existência corpórea do indivíduo (durante a maior parte da história humana e até recentemente o mais deplorado e lamentado exemplo de transitoriedade, vulnerabilidade, efemeridade, brevidade e até insignificância e futilidade) tem uma crescente expectativa de vida e perspectivas confiáveis de ir adiante.

Quando, mais de meio século atrás, ingressei nos campos da sociologia e da filosofia, encontrei-os nitidamente segmentados em lotes com o nome de "escolas". Havia o materialismo histórico, o funcionalismo estrutural, a etnometodologia, o estruturalismo, a filosofia analítica, a fenomenologia, o existencialismo e tudo mais – o número mudava de uma pesquisa de campo para outra, mas o princípio de seu mapeamento permanecia intacto e inquestionável. Os capítulos dos livros-textos de história da disciplina também levavam os nomes das escolas. Os nomes dos indivíduos diferiam nos dados biográficos e bibliográficos de seus portadores, mas havia apenas variações menores, tanto quanto iconoclásticas, em suas abordagens e práticas acadêmicas.

Suspeito que agora o campo de uma disciplina acadêmica aparece para o recém-chegado com uma luz totalmente diferente: uma vasta área com um monte de lotes, sendas e barrancos interligados, cruzada em todas as direções por figuras claramente distinguíveis de personalidades mais ou menos distintas, cada qual ocupada em abrir uma nova trilha, em vez de seguir outra já aberta. As histórias tendem a ser reescritas de maneira parecida. Os relatos já não se referem a sucessivos paradigmas, essencialmente realizações de uma escola, mas sobretudo a feitos individuais capazes de quebrar paradigmas; não a "escolas", mas a sociólogos ou filósofos-"chave". O que estou dizendo agora se aplica a todos os ramos da ciência, e, de um modo mais geral, a todas as áreas da cultura e das artes. Com efeito, de modo mais geral ainda, seus traços se difundem por nossas vidas cotidianas. Nenhuma parte de nosso modo de ser e estar no mundo, ainda que insignificante e isolada, está genuinamente livre deles.

Fico curioso com o fenômeno Mark Zuckerberg, que imaginou que todas as preocupações humanas se concentram, em última instância, no desafio da autoidentificação; e que todos os caminhos dos que buscam e constroem a identidade levam de volta ao corpo e à mente dos requerentes; e que assim deu início à "revolução do Facebook", que o elevou em poucos anos à condição de multibilionário. Eu me pergunto: será que esse fenômeno seria de todo concebível na época de minha juventude? (Não é a ausência de computadores naquele período que me faz perguntar.) Se Mark Zuckerberg tivesse nascido trinta ou quarenta anos antes; se fosse treinado por seus professores a regurgitar e recitar exageradamente as homilias de Jean-Paul Sartre ou a reiterar as palavras de Michel Foucault, como se estivesse citando as Sagradas Escrituras, de que "o autor está morto"; e se tivesse aprendido com os apóstolos da igreja da "Neocrítica" que é simplesmente tolo e prejudicial para um estudante vincular textos artísticos a qualquer detalhe da vida pessoal do autor, será que lhe teria ocorrido que são precisamente os "detalhes pessoais" que fazem o autor, e que portanto seus jovens colegas estariam ávidos por igualar a glória do celebrado autor tornando públicos seus próprios "detalhes pessoais"?

No caso altamente improvável de que isso ocorresse a esse Zuckerberg nascido naquela época, será que milhões de usuários ativos voariam sobre sua invenção (ou espólio de um roubo, segundo alguns), trazendo bilhões de dólares atrás de si? Foi só no curso dos últimos vinte anos, como, por exemplo, assinala Sebastian Faulks em *Faulks on Fiction*, que, "longe de ser banida da discussão, a vida do autor e a importância desta para sua obra se tornaram o principal campo de debate". E, acrescenta ele, essa mudança de linha divisória "abriu as portas à especulação e à fofoca. Ao presumir que todas as obras de arte são uma expressão da personalidade de seus autores, os críticos biográficos reduziram a arte da criação a um aspecto secundário". Eu suspeito (ou melhor, tenho certeza) que só nos últimos vinte anos Zuckerberg poderia ter tido sua revelação e decidido levar as boas-novas a seus colegas estudantes, estando estes preparados para seguir o Mestre ao longo do caminho por ele apontado.

MHJ e KT: Será que nós sociólogos somos muito diferentes de Zuckerberg? Em seu livro *Le pouvoir intellectuel en France*,[4] Régis Debray traça uma história dos intelectuais e apresenta uma questão incisiva: teria o intelectual se transformado agora em apenas mais uma celebridade? Caberia às celebridades transformar o mundo?

ZB: A questão não é a de se tornarem celebridades, mas os tipos de serviço oferecidos. Concordo com a definição de Daniel J. Boorstin da celebridade como alguém que é famoso pelo fato de ser famoso. Assim, o que ele ou ela faz realmente não importa, em especial no que se refere a serviços que não a diversão e o entretenimento. Na melhor das hipóteses, eles são ídolos, mas não têm legitimidade, não servem para instruir, para educar. No máximo você pode tentar imitá-los. Por exemplo, temos o Facebook, que é um pobre substituto das revistas luxuosas ou dos programas de TV do horário nobre. Assim, não é uma questão de celebridade, mas de mudança do público.

Hoje existe uma massa enorme e crescente de indivíduos que lutam no vácuo entre a individualidade de direito e a individualidade de fato. Eles precisam de nossos serviços. Assim, não é uma questão de ser uma celebridade, mas de falar com eles, e essa é a visão da sociologia que eu tento sustentar. Cerca de vinte ou trinta anos atrás, parei totalmente de usar o jargão sociológico porque ele foi inventado especialmente para manter a entrada da sociologia o mais fechada possível, para interromper a comunicação e estabelecer fronteiras. Mas se a sociologia pretende ser relevante, então ela precisa abrir-se às pessoas e começar a pensar como eu fazia quando era estudante dessa disciplina: que estamos aqui para reunir as evidências e nos engajar num diálogo permanente com a experiência, e também para tentar ajudar as pessoas em sua luta contra a dupla praga da ignorância e da impotência. Acho que há uma grande chance disso, e que é muitíssimo empolgante, e que esse é o tipo de visão que se abre diante de nós.

MHJ e KT: Você agora é tema de pelo menos três filmes, comparece a cerimônias de premiação e suas palestras estão amplamente disponíveis no YouTube. Você estaria fadado a fazer o jogo da celebridade?

ZB: Permitam-me responder com uma história pessoal. Tendo ido a Oviedo para receber o prêmio Príncipe das Astúrias, praticamente me encarcerei num hotel por medo das multidões esperando na entrada por um autógrafo. Mas esse autoconfinamento só durou até a chegada da seleção espanhola de futebol, que iria receber outro prêmio. Depois disso fiquei livre para caminhar pela cidade sem ser perturbado. Todos os caçadores de autógrafos estavam envolvidos em outra empreitada e nenhum deles prestava atenção em mim.

Curiosidades à parte, porém, façam-me o favor de não confundir ser *visto* – "ser uma celebridade" (ou seja, ser conhecido por ser conhecido) sem ter influência alguma sobre os pensamentos e ações daqueles pelos quais se é conhecido – com ser *ouvido*. A força da "mediacracia" (uma fusão singularmente feliz do "domínio da mídia" com o da mediocridade) de Régis Debray é promover a primeira contingência desse par enquanto sufoca a segunda.

Tenho forçado meu cérebro em vão para encontrar uma forma de resolver o enigma. A ágora de nossa época está cheia até as bordas de cúmplices do mercado e só admite compradores e vendedores de mercadorias. A informação só navega quando comprada e vendida. Se você quiser melhorar essa lamentável condição da ágora, primeiro precisa garantir o ingresso. Cabe que o escutem para que você seja ouvido. Ser admitido como cúmplice do mercado dificilmente é garantia de que será ouvido. Mas, por infortúnio, essa é uma inevitável condição preliminar.

MHJ e KT: Uma citação de Theodor W. Adorno:

> Quem quer que pense é isento de raiva em toda crítica. ... Como a pessoa pensante não precisa aplicar a raiva sobre si mesma, ela também não tem nenhum desejo de infligi-la aos outros. ... Esse pensamento é a felicidade, mesmo quando a infelicidade prevalece; o pensamento atinge a felicidade na expressão da infelicidade.
>
> Seu pensamento é feliz? Ele atingiu a felicidade?

ZB: Não estou certo da relação entre raiva e pensamento. Amor e ódio? A impossibilidade da coexistência acoplada (exacerbada? Aliviada?) à implausibilidade da separação? Ou seria esse um perfeito espécime da família dos *pharmakons* de Jacques Derrida? Creio que um pouco de raiva é um estímulo supremo para pensar, e que seu excesso seja mais semelhante a um agente funerário do pensamento. Mas em que ponto o pouco se transforma em excesso? Por vezes também tenho imaginado que o pensamento é o mais eficaz tranquilizante contra a raiva, mas outras vezes o vejo como seu mais confiável combustível. No entanto, como saber quando ele é o quê? Seguindo a sugestão de Paul Ricoeur, eu diria que se, em seu primeiro estágio, o pensamento leva à rejeição da intolerância (evitando que se associe à desaprovação do poder), fazendo assim secarem as fontes da raiva, e conduz à tolerância (ou seja, ao ascetismo voluntário do poder e, portanto, à suspensão da raiva), é graças ao gesto de indignação que entende certos objetos como intoleráveis (o "intolerável" não deve ser confundido com a intolerância; "intolerável" é o produto de uma "dupla negação" hegeliana da intolerância; ele só é imaginável e se realiza *após* o triunfo da tolerância) que ele escapa à armadilha da indiferença capaz de acompanhar a vitória irrestrita da tolerância. Essa indignação, no auge da progressão do pensamento, significa raiva.

Sei que estamos caminhando em terreno lamacento e mal sinalizado. Os mapas são inúteis na areia movediça. Mas aí estão vocês. Vagar por aí sem os mapas do serviço de cartografia é o destino que decidimos, alegremente ou com tristeza, reclassificar como nossa vocação. É pegar ou largar.

E será que pensar me faz feliz? Seria desonesto dar uma resposta decisiva, qualquer que fosse. O que tenho certeza é de que o pensamento considera o repouso a condição mais insuportavelmente intolerável, e portanto repulsiva; e talvez também um sinal de que a época dos últimos rituais está se aproximando.

MHJ e KT: Você não está em repouso. Escreve muito...

ZB: Escrever é a única forma que consegui aprender de expressar meu pensamento de maneira comunicativa; e mesmo essa forma eu dominei num nível muito abaixo do que considero satisfatório.

MHJ e KT: Será que sua produtividade é reflexo da tentativa de manter a conversa em andamento ou, pelo contrário, de fazê-la acontecer? Em outras palavras, seria a sua produtividade um sinal da presença ou da ausência do diálogo? Ou seria mais simplesmente o caso de nossa vocação nos tornar a todos puritanos, trabalhando arduamente em nossa missão, sem sequer saber se estamos destinados à salvação secular de sermos ouvidos?

ZB: Brilhante observação! Sim, talvez sejamos todos puritanos agora – ainda que não por escolha, mas por decreto da história. Não podemos ter certeza da salvação nem da forma como ela virá quando (se) chegar. Mas isso só torna mais atraente a tentação de Jack Nicholson em *Um estranho no ninho*, de remover uma caldeira de seu invólucro de concreto e erguê-la para quebrar as barras de ferro da janela do asilo. Jack não estava suficientemente louco para acreditar que era forte o bastante para fazê-lo, mas desejava garantir que ninguém, incluindo ele mesmo, pudesse acusá-lo de não ter tentado.

Como vocês sabem muito bem, as mensagens, embora transmitidas alto e bom som, vêm hoje em dia com uma data de "vencimento" impressa ou presumida, e se esvaem tão rapidamente quanto aparecem. Como quer que se julgue a civilização do excesso e do desperdício, que usa quantidades excessivas para compensar o déficit de qualidade, é preciso seguir a receita dada aos fotógrafos por George Bernard Shaw (sigam o exemplo do bacalhau e ponham milhares de ovos de modo a que pelo menos um deles se transforme em peixe adulto) se quiser que sua mensagem seja recebida antes de a garrafa ser reciclada ou atirada na lata de lixo. Para "manter sua conversa em andamento" é preciso "fazê-la acontecer" – repetidas vezes, incansavelmente.

E, por favor, lembrem-se de que, onde Jack Nicholson falhou, seu companheiro de miséria, o índio, inspirando-se em sua tentativa fracassada, teve êxito – e se libertou.

MHJ e KT: Você é muito coerente em sua posição de que a sociologia consiste num diálogo com a experiência vivida. Disso também se segue que os textos que você escreve sejam diálogos com seus leitores. Eles falam com o leitor e não para ele. Essa atitude é semelhante àquela delineada por Michael Haneke quando falou sobre as relações que espera que seus filmes tenham com os espectadores. Disse que não deseja simplificar as coisas para eles, mas dar-lhes a possibilidade de participar do processo de construção de significado do filme. Consequentemente, ele deixa algumas coisas inexplicadas (exatamente o que acontece em *A fita branca*?), alguns pontos soltos na narrativa, mostra algumas coisas sem explicá-las. Evidentemente, isso sugere a questão de se os sociólogos deveriam assistir aos filmes de Haneke (uma resposta curta: sim), mas também uma questão mais ampla sobre a relação entre o autor e o texto. Você procura dar aos leitores a possibilidade de participar da construção do significado de seus textos?

ZB: Haneke também fala de "tentar compelir o espectador à independência", fazendo eco à exortação de Rousseau de incitar *le peuple* à liberdade. Minha crença é que a liberdade começa fazendo perguntas e termina com "respostas facilitadoras". Numa frase famosa, Maurice Blanchot chamou as respostas de maldição das perguntas: a liberdade termina quando a causa do questionamento é proclamada e aceita como passível de ser aberta e fechada – somos livres enquanto continuamos a questionar e perdemos a liberdade quando paramos. Às vezes suspeito que o questionamento, encenado no palco como um drama de emancipação, é dirigido por Tânatos sobre as asas. E que o papel de estimulador ou instigador da pergunta, seja artista ou sociólogo crítico, não é tanto o de facilitar e suavizar o caminho que conduz a uma resposta, mas desnudar a iniquidade da trama de Tânatos e tirar de suas mãos a direção do enredo desse drama. Meu desejo é expor os buracos, armadilhas e ciladas que se espalham pelo caminho que conduz à verdade, e assim comprometer a trama. *Toutes proportions gardées*, suponho que Haneke e eu estejamos no mesmo negócio: o de estimular os leitores a pensar e imunizá-los contra a sedução das gambiarras.

MHJ e KT: Haneke se recusa a explicar o significado de seus filmes. Você nunca responde a seus críticos, nunca fala "Isso é o que eu realmente quis dizer", nunca fecha os significados do que é lido em seus livros. Como você disse, eles são mensagens em garrafas e, como todas as mensagens desse tipo, precisam ser deixados à sorte e ao destino para encontrar seus leitores. Ora, Haneke uma vez deu uma resposta quando lhe perguntaram por que motivo nunca revela o que realmente quer dizer. Embora apresentada sob a forma de piada, foi uma resposta profundamente séria. Ele disse que não conhece as respostas para as questões que seus filmes suscitam porque não tem uma relação particularmente íntima com seu autor. Bem, você tem uma boa relação com o autor dos livros e artigos escritos por Zygmunt Bauman?

ZB: Eu tendo a concordar com você: Haneke foi provavelmente muito sério em sua resposta. Ao explorar o mistério do modo humano de ser e estar no mundo, não há oráculos oniscientes dotados de uma linha direta com Deus. Tampouco existe alguém capaz de seguir os sábios de Platão fora da caverna da existência para testemunhar diretamente as ideias puras, imaculadas. Mesmo que existisse, seria de pouca utilidade para comunicá-las ao resto de nós, irredimíveis trogloditas, dos quais sou apenas um entre uma multidão (tal como, suspeito eu, Haneke também se considera). Qualquer um que deseje capacitar em vez de incapacitar o espectador ou leitor deve começar sendo relevante para a experiência dos habitantes da caverna.

Pelo menos é isso que eu quero dizer quando considero e conduzo meu ofício como um diálogo interminável com a experiência vivida. Mas eu iria um passo além da formulação de Haneke, um passo além de "dar aos espectadores/leitores uma *possibilidade* de participar" da construção de significado. Creio que a tarefa é demonstrar que sem essa participação a luta contra a insignificância não tem nenhuma chance. Permitam-me acrescentar que duvido que mesmo assim a luta venha a ser ganha em definitivo. Mas essa dúvida não é motivo de desespero. Afinal, é precisamente essa luta que constitui o modo humano, definitivamente humano, de ser e estar no mundo.

MHJ e KT: A sociologia pode tornar as pessoas felizes?

ZB: Pode, se entender a verdadeira natureza do mundo que formatamos para formatar nossa condição nos torna mais felizes do que o seríamos de outro modo. Por contraste, há pouca chance de felicidade ao fechar os olhos ou olhar para o outro lado. É realmente uma chance fugaz, tal como a que é oferecida pela embriaguez ou pelas drogas – com um alto preço a ser pago, na moeda da frustração, no momento em que se fica sóbrio.

MHJ e KT: A sociologia fez você feliz?

ZB: Essa é uma pergunta extremamente ardilosa – e que me é impossível de responder. Afinal, tenho sido um sociólogo e nada além disso por toda a minha vida adulta. Em que eu poderia me basear para fazer essa avaliação?

Mas quanto à pergunta sobre se ser um sociólogo contribui para uma vida feliz, só posso fazer eco (*toutes proportions gardées!*) ao grande e sábio Johann Wolfgang Goethe; quando, perto de minha idade atual, lhe perguntaram se tinha tido uma vida feliz, ele respondeu: "Sim, tive uma vida feliz", para acrescentar logo em seguida: "Embora não possa recordar uma única semana totalmente feliz."

.3.

Como fazer sociologia?

MICHAEL HVIID JACOBSEN e KEITH TESTER: Gostaríamos de pressioná-lo acerca de um tema. Um dos efeitos de sua obra é fazer os leitores questionarem o que antes tomavam como certo e, de fato, valorizavam. Por exemplo, você argumenta com veemência que os prazeres do sexo sem compromisso são antiéticos e quase desumanos. Sua obra implica a depreciação dos valores de homens e mulheres. Três perguntas se seguem a isso.

Primeira: a partir de qual posição é válido fazer essas afirmações? Se quiséssemos apresentar isso de modo extremamente brutal, por que homens e mulheres deveriam ouvi-lo?

ZYGMUNT BAUMAN: Quanto à última parte de sua pergunta, o aspecto "brutal", eu tenho me questionado muitas vezes sobre isso, e continuarei me questionando. O fato de que "homens e mulheres" – um bom número deles – de fato me escutam continua um enigma, e não posso fazer nada além de imaginar suas causas. Mas permitam-me admitir logo de cara que "escutar" e ouvir uma mensagem são duas coisas diferentes; da mesma forma, ouvir a mensagem e seguir suas recomendações.

Não sou um pregador moral, embora a questão da moralidade (aquela "lei moral dentro de mim" que Immanuel Kant tomou como um dos maiores mistérios da existência), e particularmente das fontes de suas forças e fraquezas, seja para mim um eixo em torno do qual giram todos os segredos da condição humana. Assim, não sou do ramo da "depreciação de valores" ou, no que interessa, de reescrever códigos de ética. O que tento fazer, e dentro dos limites de minhas modestas habilidades (o que significa ficar bem longe do que poderia e deveria ser feito), é articular os valores que "homens e mulheres" tendem a seguir, embora dificilmente articulando-os e com muita frequência o fazendo de forma equivocada quando pressionados a apontá-los. E tento fazê-lo a fim de apresentar a esses "homens e mulheres" os dilemas que eles enfrentam em suas escolhas, mas não conseguem perceber – e assim capacitá-los a fazerem *suas* escolhas com um pouco mais de compreensão do que podem ganhar e ceder.

Desse modo, correta ou equivocadamente, explico a mim mesmo o interesse deles (tal como sugerido pela tradução de meus textos em 35 idiomas) com o pressuposto de que os dilemas que descrevo estão em consonância com sua experiência vivida e podem até ser considerados úteis quando fazem suas escolhas. Tento dar a cada uma das alternativas a mesma oportunidade de mostrar seu valor. Minha intenção, de todo modo, não é *avaliar* as escolhas, mas ajudá-los a avaliá-las *de modo realista*, sem deixar de lado seu significado moral. Evidentemente, o caminho que leva das intenções à sua realização é reconhecidamente áspero e acidentado, e eu não poderia jurar que obtive, ou mesmo que possa obter, o efeito que desejo.

Quanto à primeira parte de sua pergunta, referente à "posição a partir da qual é válido" fazer o que estou tentando, para o bem ou para o mal, fazer, creio que não é diferente das posições a partir das quais as afirmações dos sociólogos em geral são feitas: a observação atenta da conduta humana, a empatia com a experiência dos atores, a análise das opções que a situação deles lhes permite ou não assumir, o confronto e a justaposição da percepção que eles têm da situação, tal como se manifesta em suas escolhas, com o que se conhece das circunstâncias que determinam essas escolhas (ou, mais corretamente, reforçam ou reduzem sua probabilidade). Assumir essa posição é que permite e estimula, assim como exige, que se articulem tais afirmações.

MHJ e KT: Segunda questão: por que devemos começar fazendo perguntas sobre nós mesmos, nossas práticas, nossas vidas? Aqui nos lembramos da censura feita por George Orwell aos que desejavam mudar a dieta da classe trabalhadora na década de 1930. Assinalou ele que, se você trabalhou duro o dia inteiro e foi obrigado a fazer coisas que preferiria não fazer, tudo que você quer é comida caseira, não importa se ela é saudável ou não. O que há de errado com uma vida que não faz perguntas sobre si mesma?

ZB: Bem, para começar, não era o "autoquestionamento" que Orwell tinha em mente. Ele se opunha à *imposição* de visões construídas, abraçadas e promovidas *sem* assumir a posição que acabamos de debater, sem investigação, conhecimento e compreensão da situação de outra pessoa à qual se impõem essas visões. Os que "desejavam mudar a dieta da classe trabalhadora" não pertenciam a essa classe, e Orwell os criticou por terem pouca ou nenhuma compreensão da situação da classe trabalhadora e fazerem pouco ou nenhum esforço para "calçar as sandálias" dessa classe. Orwell tinha muita raiva de uma sociedade que vivia sob a ameaça e o medo da (em suas próprias palavras) "bota de um soldado esmagando um rosto humano"; a sociedade incuravelmente contaminada por uma "inclinação totalitária" e operando pela coerção.

Vladimir Voinovich, seguidor de Orwell e ele próprio crítico brilhante e mordaz da variedade soviética de totalitarismo, imaginava a vitória do projeto comunista (conhecido pela promessa de prover cada um conforme suas necessidades) como uma sociedade em que cada dia começa com um anúncio governamental dizendo quais são as necessidades de todos naquele dia. O que Orwell condenava não era uma sociedade que questiona seu modo de vida, mas aquela em que algumas pessoas, usando seus poderes coercitivos, tentam forçar outras a mudar sua maneira de viver sem se dar ao trabalho de pedir a opinião delas. Há uma diferença muito grande, na verdade a mais profunda oposição que se possa conceber, entre analisar criticamente nossas próprias práticas de vida e impor a outras pessoas práticas que não são de sua escolha. A primeira é uma condição *sine qua non* da liberdade humana; a outra é uma manifestação da falta de liberdade. Orwell condenou a sociedade marcada por um viés totalitário; a sociedade que odiava a liberdade de escolha humana. O propósito da sociologia, sugiro eu, é a expansão dessa escolha.

Cornelius Castoriadis, esse apaixonado defensor da genuína democracia, insistia em afirmar que o que está errado em nossa sociedade e a mantém distante da verdadeira democracia é que ela parou de se questionar. Eu endosso plenamente essa visão.

MHJ e KT: Terceira questão: se há uma depreciação de valores, homens e mulheres podem vir a se sentir confusos ou humilhados: "Eu costumava valorizar isso…" Uma coisa é desvalorizar, mas o que a sociologia pode oferecer em troca? Será que essa pergunta se refere ao motivo pelo qual homens e mulheres deveriam engajar-se na sociologia?

ZB: Não é vocação nem tarefa da sociologia impor escolhas de valores. Além disso, mesmo que quisesse, a sociologia não tem esse poder. A vocação da sociologia é tornar a escolha de valores viável e plausível, assim como colocá-la ao alcance do indivíduo que tem sobre si o peso da responsabilidade de encontrar soluções adequadas para problemas existenciais socialmente produzidos. Para se desobrigar das demandas dessa vocação, a sociologia precisa tornar as escolhas inteligíveis e evidenciar as responsabilidades envolvidas. Não é contra um determinado conjunto de valores que a sociologia se posta, mas contra a afirmação do "Não Há Alternativa", da qual, inspirados por Margaret Thatcher, os poderes constituídos de hoje usam e abusam. Uma escolha é moral quando envolve a aceitação da responsabilidade por suas consequências – e acima de tudo por seu impacto sobre as condições de outros.

Isso me traz à questão da "confusão e humilhação" que vocês mencionaram. Vocês estão certos quando dizem que desnudar e expor as terríveis conexões associadas à conduta até agora praticada e supostamente impecável (assim como moralmente correta) pode causar, e muitas vezes causa, humilhação (uma dor duradoura e um estigma indelével, ao contrário da "confusão", a qual deve ser apenas uma condição temporária que logo será redimida por uma pureza recuperada e renovada). O medo da humilhação é um solo fértil para o fundamentalismo das bases e os totalitarismos da elite, essas duas tentativas de interromper a comunicação, fechar as portas e cerrar as cortinas a fim de inviabilizar a própria possibilidade de exposição à alteridade e evitar a própria chance de qualquer tentativa de reconsiderar a razão e a substância da autoidentidade.

Mesmo quando não chega aos extremos do fundamentalismo e do totalitarismo, o medo da humilhação resulta em rebaixar os *Begegnungen* à condição de *Vergegnungen* (termos usados por Martin Buber) – os encontros com os outros a "desencontros", quase encontros em que os protagonistas não travam conhecimento de fato porque mantêm os ouvidos obstruídos por estereótipos e preconceitos, e reduzem o contato a uma troca de ataques, calúnias e acusações. A aversão altamente humana à humilhação é um grande obstáculo a todo e qualquer diálogo digno desse nome – e também àquela "cooperação" (em vez de um mero debate: sem vencedores nem vencidos, todos emergem do exercício enriquecidos em termos de sabedoria) "informal" (sem regras procedimentais preestabelecidas) e "aberta" (admitindo a possibilidade de ser considerado errado) cujo modelo há pouco foi esboçado por Richard Sennett e pelo qual a sociologia deveria, em minha opinião, avaliar a qualidade de seus próprios encontros com seus parceiros de diálogo.

Assim, como posso responder a suas dúvidas? Só de uma forma: sim, vocês estão certos, provocar o sentimento de humilhação é cruel, mas é uma crueldade a que a sociologia precisa se arriscar caso deseje permanecer fiel à sua vocação e às suas responsabilidades sociais. Apesar disso, ela deveria fazer o possível para mitigar e, melhor ainda, evitar essa crueldade – e o modelo de Sennett fornece uma pista de como isso pode ser feito.

MHJ e KT: Em seu livro *Danos colaterais*,[1] você apresenta uma curta e perspicaz história da sociologia e da perpétua busca de fundamentação e legitimidade científicas dessa disciplina. Também descreve criticamente como a sociologia – ou pelo menos partes dela –, através de sua história, tende a assumir uma mentalidade gerencial ou tecnológica e um incurável fetichismo dos dados, uma objetificação do mundo social e de seus integrantes humanos. Em vez disso, você opta por uma visão alternativa da sociologia que privilegia a comunicação, o sujeito humano, a responsabilidade moral, a crítica e o diálogo. Como você vê as perspectivas dessa visão da sociologia sobrevivendo e prosperando num mundo acadêmico cada vez mais – pelo menos em nossa opinião – caracterizado por uma lógica da quantidade, da evidência e da utilidade comercial ou gerencial do conhecimento sociológico, e a ela submetido? Em outras palavras, se a sociologia é – ou talvez devesse ser – um diálogo crítico permanente com a experiência de vida humana, como você tem insistido, ou uma "arte do diálogo", como esse diálogo pode se iniciar num mundo talvez mais do que nunca cego, negligente ou talvez até hostil à sabedoria sociológica?

ZB: Cego? Talvez, e não inesperadamente; a nossa é, afinal, uma cultura da superficialidade e do esquecimento. Negligente? Talvez também, e de novo sem qualquer surpresa; nós nos inclinamos e nos curvamos sob o peso insuportável do excesso de informação, com poucas chances de reduzir o passo, refletir e separar o joio do trigo. Mas hostil? Para essa acusação, um veredicto categórico é pouco recomendável. Percebo sintomas de simpatia junto com hostilidade; mesmo de uma forte e crescente demanda, ainda que deficiente em termos de autoarticulação e vergonhosamente lenta em romper seu confinamento às masmorras do subconsciente. Com efeito, hostilidade a alguma coisa sinaliza, na maioria dos casos, simpatia em relação a outra.

Vocês estão certos no diagnóstico do ambiente acadêmico, incluindo uma sociologia acrítica em relação a seus preceitos e proibições, uma sociologia ainda em luta para ser de utilidade ao "ofício viável"; para estar a serviço dos gerentes desde antes de sua recente revolução. Essa sociologia não se sente particularmente pressionada a seguir com urgência "as trilhas de um mundo em mudança" – os códigos universitários fornecem um escudo protetor contra essa pressão.

Em decorrência dos procedimentos tradicionais de graduação, promoção, rodízio de equipes, autoabastecimento e autorreprodução previstos nesses códigos, essa sociologia pode agarrar-se infinitamente à forma e ao estilo atuais, cega a esse "mundo em mudança" e à redução e evaporação da demanda pelos serviços que essa forma e esse estilo são capazes de oferecer. Isso também significa permanecer cega à crescente demanda por um tipo de serviço totalmente diferente, que a sociologia seria capaz de prestar desde que revisse sua forma e seu estilo atuais, feitos, como vocês de maneira lúcida mostraram, sob medida para "uma mentalidade gerencial ou tecnológica e um incurável fetichismo dos dados". Em nosso mundo cada vez mais desregulamentado, privatizado e individualizado, esse serviço, muitíssimo necessário, mas até agora escassamente fornecido, precisa ser prestado tendo em mente a tarefa (permitam-me recorrer uma vez mais a seu preciso diagnóstico) de uma profunda "*desobjetificação do mundo social e de seus integrantes humanos*".

Só posso repetir o que escrevi sobre esse tema em meu livro *Danos colaterais*, de 2011, a respeito das baixas colaterais da desigualdade, retomando ideias formuladas em meu livreto de 1976 intitulado *Towards a Critical Sociology*:

> Por mais de meio século de sua história recente, procurando estar a serviço da razão gerencial, a sociologia lutou para se esta-

belecer como uma *ciência/tecnologia da falta de liberdade*; como uma oficina de planejamento para ambientes sociais destinados a resolver em teoria, porém, o que é mais importante, também na prática, o que Talcott Parsons memoravelmente articulou como "a questão hobbesiana": como induzir, forçar ou doutrinar seres humanos, abençoados ou amaldiçoados com o dom ambíguo do livre-arbítrio, a serem guiados normativamente e a seguirem por rotina cursos de ação manipuláveis, embora previsíveis? Ou, como conciliar o livre-arbítrio com uma disposição a se submeter à vontade de outras pessoas, elevando assim a tendência à "servidão voluntária", observada e antecipada por La Boétie no limiar da era moderna, no plano de princípio supremo da organização social? Em suma, como fazer as pessoas terem o *desejo* de fazer aquilo que *devem fazer*?[2]

Em nossa sociedade, individualizada por decreto do destino, encorajada e instigada pela segunda revolução gerencial, a sociologia tem a excitante e empolgante oportunidade de se transformar, para variar, numa *ciência/tecnologia da liberdade*: dos meios e formas pelos quais os indivíduos por decreto e *de jure* destes tempos líquidos modernos podem ser elevados à categoria de indivíduos *por escolha* e *de fato*. Ou, seguindo uma sugestão contida na convocação de Jeffrey Alexander em *A Contemporary Introduction to Sociology*: o futuro da sociologia, pelo menos o imediato, está no esforço para se reencarnar e se restabelecer como *política cultural a serviço da liberdade humana*.[3]

Como realizar essa transição, que estratégia seguir? A estratégia consiste em se engajar num diálogo permanente com a doxa ou o "conhecimento do ator", observando ao mesmo tempo, repito, os preceitos de informalidade, abertura e cooperação, a fórmula recentemente sugerida por Richard Sennett em seu ensaio sobre o humanismo e seu significado atual, que precisa ser profundamente absorvida e memorizada com firmeza.[4] "Informalidade" significa que as regras do diálogo não são preestabelecidas, elas surgem no curso do próprio diálogo. "Abertura" quer dizer que ninguém entra no diálogo com a certeza de sua própria verdade e vendo como sua única tarefa convencer os outros (detentores, a priori, de ideias erradas). E "cooperação" significa que nesse diálogo todos os participantes são ao mesmo tempo mestres e aprendizes, e que não há vencedores nem vencidos. O preço a ser coletivamente pago por desprezar, também coletivamente, esse conselho pode ser a irrelevância (coletiva) da sociologia.

MHJ e KT: Muitos dos mais importantes e glamorosos escritores da história da sociologia foram adeptos de metáforas. Basta pensar nos textos de C. Wright Mills, Erving Goffman ou Robert Nisbet, para mencionarmos alguns destacados exemplos. As metáforas também têm desempenhado papel importante em sua obra; parece que elas são formas pelas quais se pode navegar e organizar um mundo de imensas possibilidades, complexo e em processo de mudança. Seria essa, talvez, a razão pela qual alguns sociólogos – incluindo você – acham tão fascinante utilizar metáforas?

ZB: As *querelles* sobre a legitimidade e a utilidade cognitiva das metáforas são tão antigas quanto sua utilização, e repetir todos os argumentos apresentados a favor e contra seria perda de tempo, tal como seria absurdo pretender iniciar o debate a partir da estaca zero. O que vou dizer, pressionado por sua pergunta, soaria banal para qualquer historiador da ciência social e, de um modo mais geral, da filologia, embora permanecendo inconvincente para os não iniciados.

As metáforas são reconhecidamente úteis quando se trata da situação de "aprendizagem terciária" de George Bateson: a necessidade de restaurar uma rede conceitual estabelecida densa demais ou rara demais para captar novos fenômenos num arcabouço cognitivo com a finalidade de salientar características que de outro modo seriam imperceptíveis (como no caso de C. Wright Mills, Erving Goffman ou Robert Nisbet, cujos nomes vocês relacionam para sinalizar uma tendência muito mais ampla). Uma noção conhecida é então usada para evocar uma visão em que o fenômeno em questão pode ser situado para que se deduzam suas características.

Por favor, observem que metáforas não são expedientes ou estratagemas peculiares a uma escola específica nem algo a que recorram pessoas com predileções "literárias" especiais. São elos inevitáveis de uma cadeia de pensamentos ou momentos do processo de pensar. Representam uma das duas (e, ao que parece, apenas duas) maneiras pelas quais podem ser compostos os nomes de fenômenos recentemente observados (sendo a outra a formação de novas palavras livres de associações vocabulares). Uma metáfora exitosa é aquela que, no fluxo do tempo, perde sua marca de nascença e deixa de ser percebida como metáfora.

Hoje poucas pessoas, à exceção dos arquivistas, têm consciência de que os conceitos essenciais da sociologia se introduziram em sua linguagem, não muito tempo atrás, como metáforas (poder, classe, indivíduo, grupo, relações humanas, laços sociais, até "sociedade", introduzida para promover a ideia então audaciosa de que as bizarras "totalidades imaginadas", recém-desenvolvidas e identificadas ou postuladas, compartilhavam suas características com o habitual encontro face a face).

MHJ e KT: Sua obra é claramente caracterizada por um evidente "cunho ensaístico" – você utiliza frequentemente, e alguns diriam frivolamente, insights e recursos literários tais como metáforas, referências à literatura clássica e contemporânea, assim como alusões literárias, a fim de praticar e apresentar a sociologia. Por que você acha importante ou necessário recorrer a essas técnicas tão pouco convencionais ao descrever e analisar a condição humana?

ZB: Se ainda estivessem por aqui e se dispusessem a ler os meus textos, os sábios antigos estariam entre aqueles "alguns" inclinados a chamar de frívolo o uso que faço de metáforas. Eles (mais notadamente Platão) tinham as metáforas em muito baixa estima, exilando-as do reino da busca da verdade e relegando-as ao território do "salve-se quem puder" da retórica – ainda que absolutamente não fossem avessos a uma ampla utilização da formidável capacidade cognitiva das metáforas! Usam-se metáforas, acreditavam os antigos, como meros adornos discursivos; como berloques que seria melhor evitar em função da clareza. Tal como as pessoas da Bauhaus e outros zelosos modernistas desejavam depurar os prédios de todo e qualquer detalhe não funcional, eles queriam depurar de metáforas todo o raciocínio e todos os argumentos. O único propósito a que as metáforas serviriam, insistiam eles, era que o orador pudesse entreter e cativar seus ouvintes, ganhar seu aplauso e obter uma aprovação estimulada por emoções exaltadas e não solidamente fundamentada na razão cautelosa e atenta.

Não é isso, porém, o que fazem as metáforas – ou pelo menos não é a única tarefa que elas podem realizar. No caso de uma experiência incomum que precise de uma rede conceitual adequada para ser apreendida e examinada, as metáforas prestam um serviço de enorme importância. Servem à imaginação e à compreensão. São arcabouços indispensáveis da imaginação e talvez as ferramentas mais efetivas para a compreensão.

Recordemos mais uma vez, por exemplo, que o conceito central da sociologia, o de "sociedade", foi introduzido no nascente discurso das ciências sociais como metáfora. Antes, quase sinônimo de "companhia", evocando "companheirismo", "camaradagem", "associação com pessoas semelhantes de maneira íntima e cordial", o termo "sociedade" foi aplicado a uma totalidade abstrata sem a característica da "intimidade" e não necessariamente "cordial" – e tudo isso para apreender e visualizar as raízes intangíveis e invisíveis das novas e desconhecidas pressões e dependências a que as pessoas eram submetidas, até então sem nome, e mapear mentalmente linhas de dependência demasiado amplas e de longo alcance para serem vivenciadas "em primeira mão" e submetidas ao exame direto dos sentidos.

Com o emprego da metáfora da "sociedade", sugeria-se que a condição desconhecida poderia ser absorvida num arcabouço cognitivo habitual, que ela era menos estranha e exótica do que de outro modo se poderia considerar e que as formas de ação já aprendidas e tentadas poderiam ser efetivamente empregadas. Foi uma operação vantajosa reclassificar um agregado inacessível aos sentidos, uma totalidade abstrata da "população no interior de um Estado-nação", numa *comunidade* imaginada". Também teve uma função performativa ("perlocucionária", como diria John Austin): ela estava em consonância com a luta do nascente Estado moderno na era da "acumulação primitiva da legitimidade" para tirar vantagem da nostalgia que sua população demonstrava em relação à "comunidade perdida". O próprio fato de as origens metafóricas da "sociedade" terem sido agora amplamente esquecidas e de o termo em si não ser mais percebido como metáfora quando aplicado a um amplo e anônimo agregado de súditos do Estado confirma o êxito dessa operação.

A justaposição metafórica também tem outro efeito – amplamente não intencional, embora nem por isso inútil do ponto de vista cognitivo, e muito menos prejudicial. De ambos os lados da justaposição, muitas características dos objetos justapostos ficam invisíveis: sugere-se a *similaridade*, não a *identidade* – e, no caso da similaridade, as diferenças não são negadas, apenas contornadas e, por assim dizer, "relegadas a uma divisão inferior".

A metáfora toma, ao mesmo tempo, a parte pelo todo e o todo pela parte – modificando as formas dos dois domínios invocados, observando e expondo as similaridades existentes e a um só tempo materializando um novo e "terceiro" objeto. A justaposição metafórica é um ato de privilégio e discriminação, algumas características são trazidas à luz, outras, lançadas às trevas ("postas de lado"). Enquanto ao primeiro tipo de característica se atribui grande importância, as outras características ganham indiretamente menos relevância – e a atenção é dirigida, de forma indireta, ao primeiro ou, de maneira explícita, concentrada nele. Recomenda-se que esse tipo de característica "fique em primeiro plano", que ele "dê o tom", e mesmo que determine as características dos demais objetos. Em todo caso, a metáfora "prejudica" a percepção do objeto que ela tenta compreender. Por essa razão, toda metáfora é "reducionista" – parcial ou mesmo tendenciosa. Mas esta é, creio eu, uma característica de *qualquer* cognição. A afirmação de distinção da metáfora deriva unicamente de tornar essa característica universal *fácil de identificar*; é uma ironia ou um azar das metáforas que elas tendam a ser censuradas e difamadas pelo que poderia e deveria ser considerado sua grande vantagem, e não desvantagem. As metáforas trazem à luz a lamentável ausência de uma "superposição", com efeito, uma incorrigível disparidade entre palavras e "coisas", o conhecimento e seu objeto – assim como a natureza inevitavelmente "construída" dos objetos.

Essa limitação a todo conhecimento que, uma vez identificada, se transforma no estímulo mais efetivo a um novo esforço por conhecimento, mas que de outro modo poderia permanecer oculta, em prejuízo, não em benefício, do conhecimento (lembremos, por exemplo, a "anomalia" de Thomas S. Khun desencadeando revoluções científicas). Esforços cognitivos, a assimilação e a reciclagem intelectuais da experiência em mudança, a articulação de modos de vida adequadamente revisados encontram fertilizantes poderosos nos "resíduos" de justaposições metafóricas, enquanto a área opaca em torno de fragmentos iluminados é o terreno mais fértil para a ação investigativa.

Para o tipo de sociologia que escolhi e tentei arduamente (ainda que não necessariamente com sucesso) praticar – uma sociologia endereçada aos atores dos dramas da vida, e não a seus roteiristas, diretores, produtores e gerentes de palco; uma sociologia movida pelo ímpeto de participar da continuada interpretação da experiência deles e das estratégias que elaboram e empregam em resposta; uma sociologia voltada a ampliar o escopo das escolhas dos atores e ajudá-los a torná-las ao mesmo tempo razoáveis e eficazes –, essas "áreas opacas" são um hábitat natural, e assim as metáforas estão entre suas principais ferramentas. As metáforas têm a vantagem crucial de abrir novas percepções, ao mesmo tempo expondo seus limites, sua irrecorrível incompreensibilidade e sua falta de finalidade.

Tendo notado a profusão de contornos vibrantes, imprecisos, e de fronteiras embaçadas nas pinturas de Rembrandt, Georg Simmel (em *Rembrandt: um ensaio sobre filosofia da arte*) saudou essas evidentes violações dos padrões da pintura como manifestações do desejo do pintor de apreender a verdadeira individualidade de seus objetos (humanos!), que não pode ser jamais alcançada reforçando-se "características peculiares" vivamente reproduzidas que, ao contrário da individualidade humana, são como regras comuns à maioria dos seres humanos e, assim, dificilmente singulares.

As descrições da experiência humana não conseguem atingir (na verdade, tendem a ser crônica e incuravelmente incapazes disso) os padrões científicos da *Eindeutigkeit*, da clareza. Mas então os seres humanos não são objetos ideais para o tratamento científico que eles mesmos inventaram a fim de enfrentar, sobrepujar, conquistar e dominar a realidade não humana, ao mesmo tempo que preservam a imunidade de sua própria liberdade em relação a seus vínculos e à nossa liberdade – humana – de agir.

Mas outro preceito de Simmel voltado para as artes (dessa vez extraído de "O caráter fragmentário da vida") também é, creio eu, aplicável à sociologia. Se é verdade, diz ele, que por natureza as artes visam a compor um universo completo, exaustivo e totalmente abrangente, também o é que toda forma de arte historicamente dada só é capaz de atingir esse propósito de maneira parcial. Nenhum conjunto historicamente finito de formas artísticas chegará um dia a abarcar a totalidade dos conteúdos do mundo (permitam-me acrescentar, a capturar, prender e trancar a infinidade de possibilidades que os seres humanos carregam ou produzem). As metáforas são boas para o pensamento porque desnudam essa dialética de intenção e desempenho, e não se apavoram com aquilo que expõem ao fazê-lo.

MHJ e KT: Em muitos de seus livros, em particular a partir da década de 1980, você desenvolveu e empregou numerosas metáforas – de diferentes tipos de sociedade ("sólida moderna", "líquida moderna"), de seres humanos e sua experiência estratificada de ser e estar no mundo ("vagabundos", "turistas"), de diferentes tipos de intelectuais ("legisladores", "intérpretes") e de utopias ("guarda-florestal", "jardinagem", "caçada"), para mencionar apenas algumas. O que você espera do uso dessas metáforas? Quais são as promessas analíticas e os méritos científicos, ou a falta deles, nas metáforas tal como você as vê e utiliza?

ZB: Em "Metaphorical roots of conceptual growth", Anna Sfard,[5] professora de educação matemática, cita o jocoso (embora não totalmente) conto de Carol Shields sob o título eloquente de "The metaphor is dead – pass it on". No conto, um professor de literatura faz um longo discurso contra o uso de metáforas, fala sobre os esforços para limpar a literatura de todos os seus traços e então conclui: "Mas infelizmente esses textos há pouco ressuscitados ... ainda portam o cromossomo defeituoso ... da metáfora, já que a própria língua não é senão uma expressão metafórica da experiência humana."

Sfard também cita o revolucionário artigo "Metaphor", de 1955, em que Max Black afirmava que de modo algum poderia "a simples *visão comparativa da metáfora* ... ser responsável pela compreensão dessa particular construção linguística". E comenta que a "principal afirmação" de Black

> foi que é altamente improvável que a base do uso de um conceito como metáfora de outro seja alguma semelhança entre esses dois conceitos. A semelhança é *criada* na mente dos que concebem a metáfora, e não *dada* a eles, foi o que afirmou. Segundo sua teoria *interacionista* da metáfora, nossa compreensão dos conceitos componentes da metáfora se altera em resultado da projeção metafórica.

E ela conclui:

A linguagem é parte da elaboração do conceito da mesma forma que os sons são parte da elaboração musical. Em lugar de ser visto como mero instrumento para captar ideias já prontas, é ... o meio em que tem lugar a criação de novos conceitos. É um portador de estruturas conceituais que usamos para organizar nossa experiência. Não temos outras formas de compreender o mundo senão o que Lakoff e Johnson chamam de esquemas imagéticos (ou corporificados) – esses constructos dependentes da linguagem (embora não proposicionais em seu caráter) e impositores de estruturas que transportamos, pela linguagem, de um contexto para outro, quer o desejemos, quer não. Graças aos transplantes de estruturas conceituais, a própria linguagem é um processo em desenvolvimento constante. Tal como um organismo vivo, ela tem a inevitabilidade da mudança e do crescimento inscrita em seus genes. Em suma, uma das mais importantes mensagens da pesquisa contemporânea sobre as metáforas é que linguagem, percepção e conhecimento são inextricavelmente interligados.

Desculpem-me pela longa citação. É que não consegui negar-me esse prazer, afinal, ela é minha filha, e é uma grande alegria descobrir que pode articular ideias das quais eu compartilho muito melhor do que eu conseguiria. E o que Anna Sfard articulou (e tornou inquestionável, bastando acompanhar atentamente o seu raciocínio) é que pensar com o auxílio de metáforas não é uma atividade pela qual alguém deva se sentir obrigado a se desculpar – a menos que seja preciso desculpar-se por ser humano, estar vivo e viver entre homens.

O esforço desesperado de muitos cientistas de cortar todas as raízes metafóricas e ocultar todos os vestígios de parentesco com a percepção e o pensamento "comuns" (leia-se: não científicos, menos que científicos) é parte (talvez inevitável e esperável) de uma tendência mais geral da ciência, muito evidente desde que Platão ordenou aos filósofos que se aventurassem fora da caverna, que colocassem uma distância entre a filosofia e o "senso comum" dos *hoi polloi*. (Gaston Bachelard adequadamente datou o nascimento da ciência moderna no aparecimento dos primeiros livros que não começavam com uma referência ao senso comum disponível a todos.) Cientistas tiveram êxito a esse respeito, embora apenas parcial. Algumas ciências, tendo circunscrito para si mesmas, ou planejado a partir do zero, um domínio de "dados empíricos" inacessíveis aos não iniciados (ou seja, o resto da humanidade), podem também planejar uma linguagem livre de todos os laços semânticos com a vida e a experiência comuns, sendo compostas, em vez disso, de termos feitos sob medida, sem passado nem associações colaterais. No caso dessas ciências, o postulado do banimento das metáforas talvez seja plausível e viável; também é pragmaticamente útil, já que oferece o benefício adicional de enfatizar e reforçar o exílio do senso comum e de seus veículos igualmente comuns.

Observemos, contudo, que à medida que a independência das ciências em relação à experiência comum adquiriu alicerces materiais, maciços, tecnicamente armados, imperturbáveis e inatacáveis, não precisando mais de uma defesa ativa por meio de uma superestrutura discursiva para se sentir segura, a cruzada contra metáforas "seletivas/reducionistas" e um tanto "imprecisas" vem perdendo muito de seu vigor e energia. Vozes que algumas décadas atrás seriam condenadas como heréticas agora ressoam cada vez mais alto.

Um dos mais recentes exemplos dessas vozes deveria ser suficiente: o artigo de S. Phineas Upham intitulado "Is economics scientific? Is science scientific?".[6] Ele desenvolve a descrição que Nancy Cartright faz da natureza como "tendente a uma profusão desenfreada", e segue seu apelo para "construir diferentes modelos (científicos) para diferentes propósitos (cognitivos)" (exatamente o que fazem as metáforas!), já que "não há um modelo único que sirva da melhor forma a todos os propósitos".

De forma correta, Upham sugere que, se no caso das "ciências naturais" (protegidas, permitam-me repetir, num abrigo seguro cuja experiência é inacessível e que é estranho às "pessoas comuns"), essa ideia ainda pode ser vista como posição sectária, discutível, ela decerto é a única e incontestável escolha para o estudo dos seres humanos – já que o comportamento destes é um domínio demasiado amplo, complicado e imprevisível para ser previsto por qualquer modelo. ... É por isso que *diferentes modelos* têm diferentes funções, e *nenhum modelo pode corresponder perfeitamente a todas as permutações da realidade do comportamento humano*. [Grifos nossos]

Mas é exatamente isso que as metáforas fazem – consciente e abertamente. É por isso que obedecem mais fielmente que seus detratores à exigência de serem "mais cautelosas em relação à natureza provisória dos modelos, desprezando qualquer tendência a santificar leis, ainda que derivadas dos modelos mais úteis ou agradáveis".

Admito que, ao usarmos metáforas, estabelecemos objetivos um pouco menos ambiciosos, pedantes ou perfeccionistas do que o fizeram as ciências modernas na fase *Sturm und Drang* de suas guerras de independência (e depois as ciências sociais em estágio inicial, na luta para serem aceitas em sua companhia). Mas nego que isso signifique que o uso de metáforas seja um sinal de conhecimento menor e inferior.

Usar metáforas, ao mesmo tempo que assinala, deriva de nossa responsabilidade em relação aos potenciais objetos/sujeitos humanos da atividade conhecida pelo nome de "sociologia" – atividade que constitui a única fonte de qualquer autoridade que possamos reivindicar e assumir. Sinaliza uma recusa a agir sob falsos pretextos, declarar uma autoridade maior do que se pode realisticamente proclamar, ou, acima de tudo, distorcer a comunicação sujeito-objeto (sim, comunicação, já que tanto sujeito quanto objeto são humanos e têm línguas) em favor do sujeito (ou seja, o sociólogo). Não se trata apenas de uma questão de escolher uma estratégia cognitiva. Trata-se também (e isso ainda é mais importante) de uma escolha *ética*, da decisão de assumir responsabilidade pela responsabilidade dos sociólogos, voluntária ou involuntária, subjetiva ou objetiva, e do ato de assumir uma posição moral em relação à vocação e a seus potenciais beneficiários.

Em *História: para as últimas coisas*,[7] Siegfried Kracauer assinala que, à medida que a "segurança paroquial" dá lugar à "confusão cosmopolita", há um "sentimento generalizado de impotência e abandono", de "estar perdido num território inexplorado e inimigo", que – perigosamente – "induz muitas pessoas, presumivelmente a maioria delas, a correr para o abrigo de uma crença unificadora e reconfortante". Ele então prossegue para saudar Erasmo por ser "possuído pelo medo de tudo o que é definitivamente fixo", pois acreditava que "a verdade deixa de ser verdade tão logo se torna um dogma". Sabendo que "nenhuma das causas em disputa tem a última palavra sobre os últimos assuntos em jogo", é preciso, como insistia Kracauer, procurar "uma forma de pensar e viver que, se ao menos pudéssemos segui-la, nos permitiria esgotar as causas e nos livrar delas – uma forma que, à falta de palavra melhor, ou simplesmente de uma palavra, poderíamos chamar de humana".

Bem, tais observações, por mais que sua topicalidade possa impressionar o leitor do século XXI, não significam que os benefícios de pensar com metáforas necessariamente as acompanhem. Ou não?

MHJ e KT: Você propôs a metáfora da "modernidade líquida" para captar a essência do atual estado de coisas. Observando-se sua obra recente, percebe-se que você ainda se prende a essa metáfora. Além disso, vários intelectuais trabalhando numa variedade de disciplinas – estudos jurídicos, criminologia, estudos sobre lazer, sociologia, antropologia, serviço social, estudos sobre esportes, estudos religiosos etc. – agora a têm adotado como arcabouço analítico em seus próprios textos. Por que ela se mostrou tão útil na descrição, análise e diagnóstico da sociedade contemporânea? Você ficou surpreso com toda essa utilidade e mesmo versatilidade da noção de "modernidade líquida"?

ZB: Quando, mais de dez anos atrás, tentei esclarecer o significado da metáfora da "liquidez" em sua aplicação à forma de vida hoje praticada, um dos mistérios a me assombrar, e que resistia inoportuna e teimosamente à solução, era o status da condição humana líquida moderna: seria uma insinuação, uma versão inicial ou um presságio ou prognóstico de tempos vindouros? Ou seria, em vez disso, um arranjo temporário e provisório, tanto quanto inacabado, incompleto e inconsistente? Um intervalo entre duas respostas distintas, embora viáveis e permanentes, completas e consistentes, aos desafios da convivência humana?

Até agora não cheguei nem perto da solução desse dilema, mas me sinto cada vez mais inclinado a aceitar que – como você, Keith, já inteligentemente observou, seguindo a deixa de Antonio Gramsci – hoje nos encontramos num "interregno", um estado em que as velhas formas de fazer as coisas não funcionam mais e os modos de vida antigos e herdados não mais se ajustam à presente *conditio humana*, mas as novas maneiras de enfrentar os desafios e os novos modos de vida mais adequados às novas condições ainda não foram inventados, posicionados e postos em movimento. Ainda não sabemos quais das formas e ambientes existentes precisarão ser "liquidificados" e substituídos, embora nenhum deles pareça imune à crítica e todos ou quase todos tenham se destinado à substituição em algum momento.

O que é mais importante: ao contrário de nossos ancestrais, não temos uma imagem clara do "destino" em direção ao qual parecemos nos mover – que precisa ser um modelo de sociedade *global*, economia global, política global, jurisdição global. Em vez disso, reagimos ao último problema, experimentando, tateando no escuro. Tentamos reduzir a poluição provocada pelo dióxido de carbono demolindo usinas de energia alimentadas a carvão e substituindo-as por usinas nucleares, apenas para evocarmos o espectro de Chernobyl e Fukushima a pairar sobre nós. Sentimos, mais que sabemos (e muitos de nós se recusam a reconhecer), que o poder (ou seja, a capacidade de fazer coisas) foi separado da política (ou seja, a capacidade de decidir que coisas precisam ser feitas e são prioritárias), e assim, além de nossa confusão sobre "o que fazer", estamos agora no escuro quanto a "quem vai fazê-lo". As únicas agências de ação coletiva consciente que nos foram deixadas por nossos pais e avós, confinados como estavam às fronteiras do Estado-nação, são claramente inadequadas, considerando-se o alcance global de nossos problemas, assim como de suas fontes e consequências.

Claro, continuamos tão modernos quanto éramos antes, e decerto não menos que qualquer de nossos ancestrais. Mas aqueles de "nós" que somos modernos têm crescido consideravelmente em número nos últimos anos. Podemos muito bem dizer que agora todos ou quase todos nós, em todas ou quase todas as partes do planeta, somos modernos. Isso significa que hoje, ao contrário de uma ou duas décadas atrás, todas as terras do planeta, com apenas algumas exceções, estão sujeitas à obsessiva, compulsiva e incontrolável mudança denominada "modernização", e a tudo que a acompanha, incluindo a produção contínua de redundância humana e das tensões sociais que isso tende a causar.

As formas da vida moderna podem diferir em muitos aspectos – mas o que une todas elas é exatamente a fragilidade, transitoriedade, vulnerabilidade e inclinação à mudança constante. "Ser moderno" significa modernizar-se – compulsiva e obsessivamente; nem tanto "ser", muito menos manter sua identidade intacta, mas eternamente "tornar-se", evitar a conclusão, continuar indefinido. Cada nova estrutura que substitui uma antiga, declarada fora de moda e do prazo de validade, é apenas outro arranjo contingente – considerado temporário e "até segunda ordem".

Ser sempre, em qualquer estágio e em todos os momentos, "pós-alguma coisa" é também uma característica inerente à modernidade. Com o fluxo do tempo, a "modernidade" muda suas formas à maneira do lendário Proteu. O que algum tempo atrás foi (erroneamente) denominado "pós-modernidade", e o que preferi chamar, com mais pertinência, de "modernidade líquida", é a crescente convicção de que a mudança é *a única permanência*, assim como a incerteza é *a única* certeza. Cem anos atrás, "ser moderno" significava buscar "o estado final de perfeição". Agora significa uma infinidade de aperfeiçoamentos, sem ter em vista nem desejar um "estado final".

Eu não vejo, como nunca vi, o enigma da solidez × liquidez como dicotomia. Encaro essas duas condições como par inseparável, atado por um vínculo dialético (o tipo de vínculo que François Lyotard provavelmente tinha em mente quando observou que não se pode de fato ser moderno sem antes ter sido pós-moderno). Afinal, a busca da solidez das coisas e condições é que em geral desencadeou, manteve em movimento e orientou a liquefação. A liquidez não foi um adversário, mas um efeito dessa busca de solidez, não tendo outra paternidade, ainda que (ou se) o pai pudesse negar a legitimidade da prole. Por seu turno, foi o caráter amorfo do líquido, que exsuda, goteja e flui, que estimulou os esforços de condicionar, aliviar, preparar e moldar. Se existe algo que permita estabelecer uma distinção entre as fases "sólida" e "líquida" da modernidade (ou seja, que elas sejam organizadas em ordem de sucessão), é a mudança do propósito, manifesto ou latente, subjacente ao esforço.

A razão original para fundir sólidos não era a rejeição à solidez em si, mas a insatisfação com o grau de solidez dos sólidos existentes e herdados; pura e simplesmente, descobriu-se que os sólidos legados não eram sólidos o bastante, sendo também pouco resistentes e imunes à mudança pelos padrões dos governos modernos, obcecados pela ordem e compulsivamente envolvidos na tarefa de construí-la.

Depois, porém (e até hoje em nossa parte do mundo), os sólidos passaram a ser vistos como condensações transitórias do magma líquido, arranjos temporários em vez de soluções finais. A flexibilidade substituiu a solidez como condição ideal das coisas e assuntos dignos de preocupação. Todos os sólidos (incluindo aqueles que possam ser momentaneamente desejáveis) são tolerados apenas enquanto prometem se fundir de maneira fácil e obediente quando necessário. Uma tecnologia de fusão adequada deve estar à mão mesmo antes de se iniciar o esforço de montar, estabilizar e solidificar uma estrutura durável. Deve-se oferecer uma garantia confiável do direito e capacidade de desmontar a estrutura construída antes que o trabalho de construção seja seriamente iniciado. Estruturas totalmente "biodegradáveis" – que comecem a se desintegrar no momento em que acabaram de ser montadas – são hoje o ideal e o padrão pelo qual a maioria das estruturas, se não todas elas, se esforça por ser avaliada.

Para resumir uma longa história, se em sua fase sólida o cerne da modernidade estava em controlar e ajustar o futuro, na fase "líquida" a preocupação principal passou a ser evitar penhorá-la, assim como prevenir quaisquer outras ameaças capazes de impedir a exploração das oportunidades ainda não reveladas, desconhecidas e incognoscíveis que o futuro pode e deve trazer.

Zaratustra, o porta-voz de Friedrich Nietzsche, prevendo essa condição humana, deplorou "a procrastinação do momento presente" que ameaça tornar a Vontade, sobrecarregada sob os detritos duros e pesados de suas realizações e equívocos do passado, "range os dentes", chora e se abate, esmagada pelo seu peso. O medo de coisas ajustadas com excessiva firmeza para permitir que sejam desmontadas, de coisas que abusem de nossa hospitalidade, que nos deixem de mãos e pés atados, o medo de seguir Fausto para o inferno após cometer, como ele o fez, o erro de se apoderar de um belo momento e fazê-lo durar para sempre – esse medo teve sua origem identificada por Jean-Paul Sartre em nossa aversão visceral, extemporânea e inata ao contato com substâncias pegajosas ou viscosas. Sim, sintomaticamente, esse medo só foi apontado como um agente fundamental da história humana no limiar da era líquida da modernidade. Esse medo, na verdade, assinalou a chegada iminente da era moderna. E podemos ver seu aparecimento como um divisor de águas plena e verdadeiramente paradigmático na história.

Evidentemente, como já disse tantas vezes, a modernidade como um todo se destaca das eras precedentes por sua obsessiva e compulsiva modernização – e modernização significa liquefação, fusão e amálgama. Mas – mas! Inicialmente, a maior preocupação da mente moderna não era tanto a tecnologia da fusão (a maioria das estruturas aparentemente sólidas se fundia aparentemente em função de sua própria incapacidade de se manter sólida) quanto a concepção dos moldes em que o metal fundido deveria ser despejado e a tecnologia para mantê-lo nesses moldes. A mente moderna buscava a perfeição – e o estado de perfeição que se esperava alcançar significava, em última instância, o fim do trabalho duro e extenuante, pois qualquer outra mudança só poderia ser para pior.

De início, a mudança era vista como medida preliminar e provisória que se esperava levar a uma era de estabilidade e tranquilidade – e também de conforto e lazer. Era encarada como uma necessidade confinada ao período de transição entre estruturas e esquemas antigos, decadentes, parcialmente apodrecidos, deteriorados e fragmentados, além de não confiáveis e conjuntamente inferiores, e seus substitutos plenamente ajustados e definitivos, já que perfeitos, resistentes ao vento, à prova d'água e impenetráveis à história.

A mudança era, por assim dizer, um movimento em direção a uma esplêndida visão do horizonte, a visão de uma ordem, ou (relembrando a excelente síntese de Talcott Parsons dos empreendimentos modernos) de um "sistema autoequilibrador" capaz de emergir vitorioso de qualquer distúrbio imaginável e retornando obstinada e irrevogavelmente a sua condição. Uma ordem resultante de profunda e irrevogável "curva de probabilidades" (maximizando a probabilidade de alguns eventos e minimizando a de outros). Tal como acidentes, contingências, caldos culturais, ambiguidade, ambivalência, fluidez e outras aflições e pesadelos dos responsáveis pela construção da ordem, a mudança era vista (e enfrentada) como uma *perturbação temporária* – e com toda certeza não empreendida em função de si mesma (hoje é o contrário; como Richard Sennett observou, organizações perfeitamente viáveis são agora extintas só para provar sua permanente viabilidade).

MHJ e KT: Sua análise, ou talvez seu diagnóstico, da modernidade líquida contemporânea faz lembrar, de muitas e óbvias maneiras, a obra de Karl Marx e Friedrich Engels e sua incisiva descrição de como "tudo que é sólido se desmancha no ar", da mesma forma que nos lembra a perspicaz e tenebrosa ideia de Max Weber da "gaiola de ferro da racionalidade" e o concomitante "desencantamento do mundo". Uma vez você escreveu – comentando o modo como os sociólogos interpretam e descrevem o mundo humano que estudam – que "não vivemos, afinal, uma vez num mundo pré-moderno, outra num mundo moderno, outra num mundo pós-moderno. Os três 'mundos' não passam de idealizações abstratas de aspectos mutuamente incoerentes do único processo de vida que todos nós nos esforçamos ao máximo para tornar tão coerente quanto possível".[8]

Embora "modernidade líquida" talvez não seja mais que um rótulo intelectual destinado a apreender as complexidades da sociedade contemporânea, uma abstração acadêmica para dar forma a um mundo persistentemente amorfo, apesar disso, ela faz pensar no que vem depois na vida real, assim como nas tentativas intelectuais de idealizá-la. Em suma, o que nos espera no fim da modernidade líquida? Sabendo que você insiste – e corretamente – em afirmar que não tem a capacidade de prever o futuro ou o que se encontra à espreita na próxima esquina, você já dedicou a isso algum pensamento e reflexão?

ZB: A despeito do fato de termos investigado com relativa profundidade e amplitude a forma como vivemos nas condições da modernidade líquida, assim como as maneiras pelas quais nós, sociólogos, tentamos apreender esse modo de vida e reestruturar nosso tema a fim de ajudar nossos confrades humanos a lidar com os desafios com que esse modo de vida os confronta, não temos mais conhecimento agora do que tínhamos no início de nossa conversa quanto ao destino da atual e amplamente inconclusa aventura humana. Essa talvez seja a melhor resposta a sua pergunta, e com certeza é a única que posso articular e oferecer com alguma responsabilidade.

Como diz Keith, o período em que vivemos é um "interregno", uma época em que os antigos modos de fazer as coisas manifestam cotidianamente sua inadequação, enquanto os modos novos e mais eficazes que se esperava que os substituíssem ainda não alcançaram o estágio do planejamento. Esta é uma época em que tudo ou quase tudo pode acontecer – mas pouco ou quase nada pode ser feito com certeza ou pelo menos com grande probabilidade de sucesso. Suspeito que antever o destino em direção ao qual estamos caminhando nessas condições (e mais ainda um destino ao qual estejamos fadados a chegar) seja algo irresponsável e enganoso, já que a impossibilidade de uma ação deliberada que possa atingir as raízes dos problemas líquidos modernos, assim como a ausência de agências capazes de empreender e concluir essa tarefa, é o que define essas condições.

Isso não significa que devamos parar de tentar, mas que, embora nunca deixando de tentar, precisamos tratar cada tentativa como um arranjo temporário, mais um experimento a ser profundamente testado antes de se proclamar um "destino" ou uma "solução" para nossos dilemas.

MHJ e KT: A sociologia sempre foi conectada à palavra – livros, artigos, palestras. Mas nossa cultura é cada vez mais dominada pelo visual. Que implicações isso tem para o modo como a sociologia é praticada? Será que a sociologia deveria continuar conectada ao mundo e oferecer uma alternativa ao visual, ou deveria envolver-se no diálogo de formas mais próximas à cultura contemporânea?

ZB: Sim, as gerações mais jovens da raça humana estão crescendo num mundo cada vez mais cheio de imagens e no qual as palavras vêm simultaneamente reduzindo sua presença (tendendo a ser mais curtas, com frequência monossilábicas e sem vogais). E, sim, a sociologia, pelas suas funções hermenêuticas, tende a permanecer, como toda hermenêutica, conectada, como vocês dizem, "à palavra" (o que não é ruim em si, já que as palavras ajudam a psique individual a desenvolver suas habilidades imaginativas, que as imagens como um todo reduzem ou tornam absolutamente redundantes). Mas existem palavras e palavras, palavras *suculentas* (poder-se-ia dizer "sensuais") que apelam aos poderes imaginativos do ouvinte e evocam e despertam imagens, e palavras *ressecadas*, nascidas e mortas no universo dos conceitos abstratos – um universo para o qual as imagens não são convidadas, em função de suas capacidades e afinidades emotivas, e do qual seriam expulsas se tentassem entrar.

Georg Christoph Lichtenberg, cujos profundos e perspicazes aforismos acompanharam as dores do parto da mente moderna, previu essa condição muito antes de as imagens começarem a inundar o mundo humano e a afogar nosso discurso: "Uma sensação expressa em palavras é como a música descrita em palavras; as expressões que usamos não são suficientemente fiéis àquilo que devem expressar. Uma paisagem pintada proporciona uma delícia instantânea, mas uma paisagem celebrada em verso primeiro tem de ser pintada na cabeça do leitor."

MHJ e KT: Se concordamos que a sociologia se encontra hoje, na sociedade da modernidade líquida, num cenário totalmente diferente daquele de seu período inicial de concepção e formação, podemos indagar: qual o público da sociologia agora? Teria ele mudado com a transformação do que você denomina modernidade "sólida" em modernidade "líquida"? Quem ouve os sociólogos e aprende com eles hoje? O modo de ouvir também teria mudado na cultura contemporânea? Por exemplo, os estudantes atuais parecem menos interessados em ler livros, mas examinam avidamente as páginas da web e ouvem um monte de podcasts, com fones a isolá-los de forma categórica do mundo exterior. Onde isso deixa a sociologia?

ZB: A sociologia passou a primeira parte de sua história tentando estar a serviço do projeto e da obsessão modernos de construção da ordem. Ela definiu sua tarefa como a de planejar arranjos sociais adequados a responder àquilo que Talcott Parsons, o codificador e principal apóstolo dessa fé, denominou "a questão hobbesiana": como induzir, forçar ou doutrinar os seres humanos, ao mesmo tempo abençoados e amaldiçoados como o são pelo dom ambíguo e endemicamente endiabrado do livre-arbítrio, a serem orientados do ponto de vista normativo – e a seguirem com rotina e ordem um curso de ação previsível; como obrigar as pessoas a fazerem *voluntariamente* e *com satisfação* aquilo que *devem* e/ou são *compelidas* a fazer. A sociologia era então, por assim dizer, uma "ciência e tecnologia da falta de liberdade".

Mas em nossa sociedade líquida moderna cada vez mais individualizada, em que a solução de problemas socialmente criados é tirada dos poderes sociais e colocada sobre os ombros dos indivíduos, homens e mulheres, a sociologia tem a chance (embora, reconhecidamente, não mais que isso!) de se transformar numa *ciência e tecnologia da liberdade*; ou seja, no conhecimento dos modos e formas pelos quais os indivíduos *por decreto* e *por direito* da era líquida moderna podem ser elevados à condição de indivíduos *por escolha* e *de fato*. Trata-se, como fico repetindo sem parar, de uma *chance* – embora eu acredite que também seja, e até antes de tudo, uma *obrigação moral*, a tarefa que a sociologia deve aos homens e mulheres de nossa época. Mas, para desincumbir-se honrosamente desse dever moral, a sociologia precisa envolver-se agora num *diálogo contínuo com a experiência cotidiana desses homens e mulheres*.

Eu diria que os papéis geminados que nós, sociólogos, somos convocados a desempenhar nesse diálogo são os de *desnaturalizar o habitual* (desmentindo sua suposta autoevidência) e *naturalizar* (domar, domesticar e tornar controlável) *o incomum*. Ambos os papéis exigem a habilidade de revelar e elucidar as influências e dependências com que os seres humanos precisam confrontar-se sempre que deparam com as tarefas que são forçados a realizar e se espera que realizem (de modo contrafactual, em muitíssimos casos) individualmente, com recursos individuais e por sua própria conta e risco.

O tipo de diálogo que tenho em mente é uma arte difícil. Envolve comprometer os parceiros numa conversa com a intenção de elucidar *conjuntamente* as questões em vez de ganhar a discussão e impor seu próprio ponto de vista; de *multiplicar* as vozes em vez de reduzir seu número; de *ampliar* o leque de consequências possíveis em vez de desprezar e excluir todas as alternativas; e, portanto, de buscar conjuntamente a compreensão em vez de tentar derrotar as outras posições – e, no geral, ser animado pelo desejo de manter a conversa em andamento em vez de querer *levá-la a um desfecho*. Dominar essa arte leva um tempo enorme, embora menor que o tempo de praticá-la. Também exige humildade, abdicar dos privilégios de especialista infalível, expor-se ao risco de os outros demonstrarem que você está errado.

O "risco de perder qualidade técnica num processo" é um temor que se destaca entre as "dificuldades" e os "obstáculos" de uma guinada como essa. Como os seres humanos, além de objetos de nosso estudo, também se tornam nossos parceiros no diálogo, e num diálogo calculado para atender *suas* necessidades e resolver *seus* dilemas, os sociólogos perdem o conforto desfrutado pelas ciências voltadas para o que não é humano: o privilégio de ignorar quaisquer opiniões sustentadas por seus objetos de estudo e de exercer a plena, indivisível e inalienável soberania "profissional" sobre a criação de significado e a separação de verdade e inverdade. A qualidade "técnica" do estudo adquire então novo significado. No que se refere ao diálogo, essa qualidade é avaliada pela compreensão *mútua* e pela relevância dos interesses e tarefas dos *objetos* de pesquisa, e não pelos dos próprios pesquisadores. É essa perda (ou abdicação voluntária) do monopólio dos direitos de interpretação, assim como nossa concordância em compartilhá-los com nossos "objetos", que é equivocadamente interpretada por alguns como "perda de qualidade técnica". O propósito maior da educação em que os sociólogos então se empenhariam (já que a linha divisória entre a comunicação em geral, e o diálogo em particular, e a educação recíproca está longe de ser fixa, clara e inegociável) é a preparação de nossos parceiros de conversa para a vida, e a sociologia do tipo que tenho praticado se dedica a prepará-los para a vida no tipo de sociedade em que nossos pupilos ou alunos estão fadados a viver e que eles próprios irão produzir ao mesmo tempo que serão produzidos por ela. Já tendo sido condenados à individualidade, nossos alunos ainda terão de ascender por si mesmos da condição de indivíduos meramente por decreto do destino à condição de indivíduos *de fato*, capazes de se afirmar, de escolher o tipo de vida que desejam levar e de seguir essa escolha. A sociologia pode ajudá-los a ter consciência daquilo que essa empreitada deve ou pode envolver, e assim a expandir suas opções, da mesma forma que apoiar a causa de sua liberdade.

MHJ e KT: Assim, o público da sociologia deve ser constituído pela sociologia? Isso significaria que a sociologia é necessariamente ligada a um público, mas não obrigatoriamente a um público requerido pelos protagonistas da ciência social?

ZB: Michael Burawoy alertou-nos que a sociologia estava perdendo sua ligação com a arena pública. Seguindo essa deixa, sugiro então que a sociologia acadêmica criada e preparada para apoiar a razão gerencial era singularmente inadequada para atender à emergência de um público radicalmente diferente, composto de indivíduos agora encarregados de funções abandonadas e "terceirizadas" no curso da atual "revolução gerencial 2.0". Eu sugeri que um profundo reajuste da sociologia (de sua agenda, problemática, seus objetivos estratégicos, linguagem) é agora, literalmente, uma questão de vida e morte para a disciplina. O que se precisa é de uma mudança em seu status e caráter, de ciência e tecnologia da falta de liberdade em ciência e tecnologia da liberdade. Trata-se, reconhecidamente, de uma empreitada ambiciosa. Mas que é capaz de abrir a sociologia a um público ineditamente amplo e a uma demanda pública também inédita para seus serviços.

MHJ e KT: Alguns de seus últimos livros, em especial a partir de *O mal-estar da pós-modernidade*, de 1997,[9] aparentemente abrigam um quê de nostalgia quando você parece lamentar o estado da cena social contemporânea. Você concorda com a afirmação de que seus livros contêm sugestões nostálgicas? Vê alguma função para a nostalgia na sociologia?

ZB: Não conheço nenhum arranjo da convivência humana, presente ou passado, que pudesse ser visto como solução ideal para a aporia da condição humana. Parece que a linearidade da história, qualquer que seja o critério para concebê-la, só poderia ser um produto do reducionismo (quando descrita) ou uma postura utópica (quando projetada). A trajetória de sucessivas mudanças lembra mais um pêndulo que uma linha reta. Cada mudança foi uma tentativa de conciliar demandas incompatíveis, mas os esforços, em geral, terminaram com a renúncia a uma parte de uma delas com o objetivo de satisfazer uma parte da outra. E assim, cada mudança inspirou, mais cedo ou mais tarde, a demanda de outra. Cada passo seguinte trouxe mais das "coisas positivas" que se haviam perdido – porém à custa de outras coisas cuja "positividade", ou mesmo indispensabilidade, só foi revelada após a realização da troca (sua "positividade" permaneceu despercebida enquanto elas eram "autoevidentes" ou não problemáticas a ponto de se tornarem invisíveis).

Outra forma de dizer a mesma coisa é que cada melhoramento trouxe novas deficiências (ou reavaliações de antigas). Como Friedrich Wilhelm Schelling opinou quase dois séculos atrás, a *Erinnerung* (reminiscência) é um "impacto retrospectivo" do fim sobre o início; os inícios permanecem obscuros até que se alcance o fim, e os antecedentes só se revelam por meio de suas consequências. Podemos acrescentar que a "revelação" do "obscuro" não é um evento único, mas, em princípio, um processo infinito, e que – ao contrário de sua definição – "o passado" é tão mutável quanto suas sequências, as quais prosseguem reajustando e reavaliando seus conteúdos.

Agora já faz muitos anos que venho repetindo, seguindo Sigmund Freud, que a "civilização" (significando ordem social) é uma permuta em que alguns valores são sacrificados em função de outros (geralmente é esse o destino dos valores que parecem existir em quantidade suficiente para serem sacrificados a fim de se obter uma quantidade maior dos valores considerados de baixa oferta). Nesses termos, pode-se dizer que a história das mudanças sistêmicas é uma sucessão de permutas.

A passagem da variedade "sólida" da vida moderna para variedade "líquida" foi uma inversão do arranjo observado por Freud na passagem à modernidade. Os séculos que se seguiram à desintegração do *ancien régime* (a ordem pré-moderna) poderiam ser descritos em retrospecto como uma longa marcha rumo à restauração (num nível diferente e por meios diversos) da abalada segurança. Estamos agora em meio a outra longa marcha, desta vez rumo à eliminação das restrições impostas às liberdades individuais no curso da longa marcha para a segurança com base numa intensa e extensa regulação normativa e num policiamento extremo. Permitam-me observar, contudo, que essa nova "longa marcha" parece estar destinada a ser mais curta que a anterior. Acumulam-se os sinais, e rapidamente, de um retorno à antiga preferência de valores. Acumulam-se os sintomas de uma nova tendência a trocar as liberdades pessoais pela segurança pessoal (corporal, carnal?). Essa nova tendência não é um retorno a uma preocupação com o tipo de segurança descrito por Freud. Assinala, em vez disso, outra volta do pêndulo entre segurança e liberdade – solidez e flexibilidade, determinação e ausência de limites, restrição e incerteza.

O que vocês veem como "nostalgia" talvez seja um reflexo do fato perturbador, embora dificilmente evitável, de que os custos totais de uma nova troca só podem ser calculados no fim do período avaliado. Pois o "salto em direção à ordem" (como tentei documentar em *Modernidade e Holocausto* e *Modernidade e ambivalência*)[10] gerou um preço enorme e atroz a ser pago – mas isso não significa que consertar os aspectos pouco atraentes da modernidade "sólida" tenha levado a uma forma luminosa e irreprochável de convívio humano que não deixaria espaço à dissidência. Cada esquema tem, repito, suas próprias deficiências a exigir atenção – e cada uma delas precisa ser avaliada em termos de seus próprios vícios e virtudes. Pela trajetória "pendular" das sequências históricas, é inevitável a proximidade íntima, cheia de confusões, entre "avanço e recuo", ou "utopia" e "nostalgia".

MHJ e KT: O autor deveria controlar os significados de sua obra, uma vez publicada? E se a obra for interpretada e construída de maneiras que o autor considere inaceitáveis, por exemplo, em termos políticos ou éticos? Será que isso é apenas algo com que nós – sociólogos – devemos aprender a viver?

ZB: Não há como impedi-lo ou impedi-la de tentar, embora eu não veja muita chance de sucesso, total ou mesmo parcial. Decidir ir a público envolve tornar o texto refém do destino (desconhecido e jamais totalmente previsível, que dirá controlável). Uma vez enviadas, as mensagens têm vida própria, autônoma. Na comunicação, o significado intencional das mensagens e seu significado percebido têm uma ligação entre si, mas este não é totalmente determinado por aquele. Eu diria mesmo que na controvérsia subsequente a versão do autor não goza de superioridade sobre as leituras dos destinatários, já que os significados emergentes são em geral produtos da interação entre o texto e os arcabouços cognitivos formados pelas variadas experiências dos leitores.

Vocês estão corretos ao sugerir que os "sociólogos, na qualidade de escritores", "devem aprender a conviver" com a possibilidade de perder o controle sobre a interpretação de suas mensagens; embora eu insista que o dever de um escritor responsável é trabalhar duro no desenvolvimento de suas habilidades de expressão, reduzindo ao mínimo a ambiguidade, mesmo que a eliminação total da controvérsia não seja possível em função da inevitável ambivalência dos vernáculos existentes. Se de fato aparecem interpretações que "o autor considera totalmente inaceitáveis", na maioria dos casos ele só pode culpar a própria negligência, falta de rigor ou desorganização.

. 4 .

Qual o alcance da sociologia?

MICHAEL HVIID JACOBSEN e KEITH TESTER: Para que serve a sociologia?

ZYGMUNT BAUMAN: Creio que a sociologia deveria ser avaliada por sua relevância para a experiência e os confrontos dos seres humanos com seus problemas cotidianos, e não por sua lealdade à metodologia. Torna-se arriscado, muito arriscado, algo cheio de armadilhas e emboscadas, sempre que tentamos falar, nem tanto com nossos colegas ilustres, mas com as pessoas comuns que estão lá fora. Apesar disso, elas são os verdadeiros beneficiários de nossos serviços. Ou são elas nossos verdadeiros beneficiários, considerando nossos serviços importantes, úteis e positivos, ou não há motivo algum para realizarmos nosso trabalho, já que o medo de que a sociologia esteja perdendo contato com a esfera pública se mostrará realmente justificado. A relevância em relação à experiência cotidiana comum é agora, em minha opinião, o único elo que nos conecta à "esfera pública".

MHJ e KT: Recentemente, um aluno brilhante (alguns poderiam dizer inocente) de sociologia afirmou com audácia durante um exame: "O maior desafio com que a sociologia hoje se defronta é o que fazer para ser levada a sério." Você concorda com isso? Ou haveria outros desafios para a sociologia com os quais devemos nos preocupar?

ZB: Conscientemente ou não, esse aluno condensou duas (ou seriam três?) perguntas numa só. Duas perguntas óbvias são: 1) as interpretações sociológicas das coisas do mundo podem ser levadas a sério? 2) as coisas que a sociologia interpreta podem ser levadas a sério? Há, porém, suspeito eu, uma terceira pergunta subjacente a essas duas e que estimula esse aluno, e não apenas ele, a apresentá-las: será que nós, os destinatários e beneficiários intencionais das interpretações sociológicas, temos a capacidade ou a disposição de levar a sério as mensagens que elas transmitem?

Das três perguntas, só a primeira, que abrange e presume as outras duas, e o faz de forma explícita, aborda, como o aluno de vocês provavelmente presumiu, a habilidade sociológica; e implica a necessidade de se examinar mais de perto a prática dessa disciplina, de compor uma relação de suas deficiências e de propor, assim como aplicar, remédios eficazes. A segunda pergunta e em particular a terceira, contudo, buscam investigar assuntos que estão muito além do alcance das preocupações autorreferenciais dos praticantes da profissão sociológica e de suas capacidades de criticar, aperfeiçoar e curar a si mesmos.

"Levar a sério a sociologia" é um desafio diferente não essencialmente do encargo de levar a sério qualquer outro tipo de conhecimento – levá-la a sério com base na presumida perícia de suas fontes num mundo saturado de opiniões que se opõem e que mutuamente corroem sua veracidade, real ou suposta. Não "essencialmente" diferente, porém mais difícil de lidar do que no caso de muitas outras ciências institucionalizadas, e isso, sugiro eu, por um motivo que se encontra na própria natureza da sociologia como diálogo com o chamado "senso comum": o tema da investigação sociológica é compartilhado com seus objetos.

Os sociólogos e os objetos (também humanos!) de seu estudo contam histórias sobre "a mesma" experiência, e não há nenhuma razão imediata para se atribuir valor maior às histórias contadas pelos artesãos da sociologia. Ao contrário do que ocorre no caso das histórias contadas por físicos, geólogos ou astrônomos, relativas a objetos e eventos situados muito além da experiência de vida de homens e mulheres comuns (não iniciados e não credenciados) e assim imunes a priori a qualquer verificação não profissional de sua veracidade. A linha que separa um "especialista" credenciado, portador de credenciais profissionais, de um "leigo" (um não conhecedor, que não tem a permissão de falar com autoridade) é muito mais tênue no caso da sociologia que no de muitas outras disciplinas, e objeto de uma controvérsia muito mais ampla, com uma probabilidade muito menor de vir a ser resolvida.

Não saber muito mais sobre seus objetos de estudo que os próprios objetos é um potencial obstáculo a "ser levado a sério", e isso é específico à sociologia como profissão. Mas menos específico, se é que chega a tanto, é outro desafio que atinge a seriedade com que é tratada a sociologia: o desafio de levar a sério o tema dessa disciplina. Esse desafio deriva da inconfiabilidade (fluidez, insensibilidade, circunstancialidade) da parte da realidade que ela estuda. A vida num ambiente líquido moderno ensina (ou pelo menos sugere ou implica) que é curta a expectativa de vida de qualquer mensagem ou instituição que declare sua autoridade no momento do envio. A distância temporal entre heresia e superstição, entre verdades proclamadas "antes do tempo" e desacreditadas como obsoletas ou equivocadamente nascidas, entre a receita para o sucesso e uma fórmula para o fracasso, ou entre a tecnologia de ponta e o monte de lixo, é assustadoramente curta e apresenta todos os sinais de estar se tornando cada vez menor.

Neófito, cuidado! Apegar-se em demasia ao conhecimento que obteve e aos hábitos que adquiriu aponta problemas adiante. Ironia, distância, não comprometimento e acima de tudo a consciência do caráter de "até segunda ordem" das verdades é uma das poucas advertências da versão atual da razão que deveriam –

realmente – ser levadas a sério. A nenhum outro campo isso se aplica mais que à área do conhecimento do "social", à parte da realidade conhecida por exceder e superar todas as outras em termos de mudança camaleônica e caleidoscópica. A agonia das instituições sociais tem início no dia seguinte ao seu nascimento. Da mesma forma, a agonia dos modismos, dos objetos de interesse público e dos anseios ou medos populares, dos "assuntos do dia" e das "únicas saídas". As placas de trânsito mudam mais depressa que o tempo gasto para chegar aos destinos que elas apontam. Com o acúmulo de experiências como essa, é arriscado tratar com seriedade qualquer relato sobre a "situação do planeta", que dirá prognósticos sobre suas condições futuras. Para o bem ou para o mal, nossos contemporâneos são treinados na arte da flexibilidade, o metavalor "imperativamente endossado e recomendado", assim como popularmente aclamado, da modernidade líquida.

O que me traz à terceira pergunta – até aqui a menos investigada e, portanto, a que ainda está mais distante de uma resposta satisfatória. Não estaríamos ficando cada vez menos capazes de absorver seriamente não apenas o redemoinho de informações, mas o próprio estado de coisas que elas afirmam noticiar ou nos prevenir a respeito, com as responsabilidades delas derivadas? Não estaríamos nos sentindo sobrecarregados pelo fluxo de informações e assim "secundariamente *ignorantes*" (não por causa de um déficit de conhecimento, porém por um excesso indigerível e inassimilável), mas também *impotentes* (o que significa que não nos sentimos capazes de evitar a catástrofe, mesmo sabendo que ela se aproxima)? Não seríamos, desse modo, incapazes de assumir uma posição firme, de insistir e persistir, e de permanecer insistentes e persistentes por um tempo longo o bastante – suspeitando que qualquer coisa que fizermos terá pouco efeito e que o envolvimento a longo prazo significaria um desperdício de recursos e energia?

Muitos dos fatores que temos discutido podem contribuir para essa "incapacidade aprendida" – e para a crise da agência, mais que qualquer outro aspecto da realidade social dos dias de hoje. Estando a sociologia na linha de frente da luta para apreender, registrar e compreender essa realidade social, assim como o papel da agência humana em sua formação e reprodução, ela pode sentir seus efeitos de forma mais intensa que outros campos do conhecimento. Como ocorre com tanta frequência e em todos os tipos de casos, a condenação da mensagem recai sobre o mensageiro.

MHJ e KT: A sociologia pode ter esse potencial de se engajar num amplo diálogo, mas é só uma parte da sociologia que faz isso, certos tipos de sociologia, claramente mais o seu do que, digamos, os estudos sobre uso de drogas em certas áreas das cidades, estatísticas, e assim por diante. Dessa forma, a sociologia tem esse potencial, e, no entanto, os únicos sociólogos considerados legítimos para tentar concretizar esse potencial são aqueles que gozam de status profissional. Haveria nisso um paradoxo? Se não se importa se nos expressarmos dessa maneira, você há pouco tempo ganhou um número significativo de prêmios muito prestigiosos, e isso lhe confere autoridade como intelectual, como sociólogo. Será que essa autoridade que lhe é atribuída impede que sua mensagem seja divulgada, que seu trabalho tenha algum diálogo?

ZB: Não, não é essa a questão... A questão é se as pessoas a quem você se dirige reconhecem seus problemas naquilo que você diz, se a comunicação é de fato recíproca e se você não é apenas uma voz clamando no deserto. Não, se você consegue apresentar o problema sociológico de uma forma relevante para a condição em que as pessoas julgam se encontrar, mas também considerem difícil articular e tornar inteligível. Ainda não vejo razão para se rebelar contra a ideia iluminista de que agir com conhecimento está mais de acordo com a liberdade e a autonomia humanas, e portanto é melhor, de um modo geral, que agir no estado de ignorância. A consequência é que fornecer os sucessivos bits necessários para decifrar e entender as condições em que agimos é um grande trabalho, assim como, potencialmente, muito mais do que as gerações anteriores de sociólogos conseguiram realizar.

Mas voltando por um momento ao que já debatemos: nada aqui é predeterminado, os dois modelos de sociologia, embora bastante diferentes, podem coexistir ainda por muito tempo. Descrevendo as revoluções científicas, Thomas S. Kuhn enfatizou que a acumulação de conhecimento não é uma coisa tranquila, que ocorra uniforme e sincronicamente na disciplina acadêmica como um todo. Como regra, as reformas têm suas contrarreformas, e o caminho que leva à assimilação de novos conhecimentos é cheio de fissuras e lealdades divididas, assim como de conflitos internos entre ortodoxias e heresias. Os períodos de trégua tendem a ser breves, enquanto os esforços no sentido de degradar, deslegitimar, desautorizar e eliminar campos opostos se tornam a regra.

Não estou sugerindo que haja apenas uma estratégia a se assumir e uma única forma de se fazer sociologia. A permanente vantagem do tipo de sociologia contra o qual me posiciono, aquele que acredito ter realmente "perdido o vínculo com a arena pública", é que ele oferece aos que o desejam uma forma de aderir a um "plano de carreira" claramente definido, a trajetórias estabelecidas que levam ao doutorado, à condição de professor e catedrático. Uma vez tendo dominado a metodologia obrigatória para reunir e processar fatos, não importa muito a gravidade dos temas que você investigue em sua dissertação nem o grau de necessidade e demanda social de suas descobertas. A única coisa que realmente importa para uma carreira-padrão é se você se distanciou da metodologia de seus mestres sentados na banca examinadora, ou se você é ou não leal. Isso é na verdade o que Abraham Maslow definiu como estratagema inventado para atender pessoas não criativas desejosas de se envolver num esforço criativo.

Assim, o futuro da sociologia acadêmica, mesmo a curto prazo, não está de forma alguma predeterminado. São grandes os obstáculos ao impulso de abraçar novos desafios e oportunidades que se abrem à vocação sociológica. Há interesses arraigados em manter intactas as formas estabelecidas de fazer sociologia. Sempre haverá coisas até então não imaginadas e, portanto, oferecendo a chance de outra avaliação. O poder da inércia institucionalizada pode superar a pressão das novas circunstâncias sociais. Mas também pode acontecer de a sociologia adquirir uma relevância muito além do establishment acadêmico e conseguir atingir pessoas que precisem desses tipos de serviços.

MHJ e KT: A maior parte de seu trabalho foi realizada por conta própria e sem verbas de agências de pesquisa. Nesse sentido, você equivale ao que Karl Mannheim uma vez chamou de "intelectual livremente flutuante".

ZB: Eu explico a busca de verbas de pesquisa (quanto mais volumosas melhor!) como um efeito colateral da desesperada tentativa de sociólogos, conformados e concentrados como o são no ambiente acadêmico, de criar meios artificiais de manter distância do senso "comum" ou "laico" e afirmar a superioridade do conhecimento por eles próprios gerado e endossado. Também pode ser útil para ajudar a encontrar uma demanda para o próprio trabalho entre os praticantes daquilo que Foucault chamou de regra "demográfica". Tirando essas duas funções, as verbas dificilmente são condição necessária para uma sólida investigação sociológica.

Eu me mantenho distante de empreendimentos coletivos (do estilo "comissão"). Hannah Arendt sugeriu que pensar é a mais solitária das atividades humanas, e, a partir de minhas experiências pessoais, tendo a endossar essa impressão. Mas também acho que pensar é um ato dialógico. E no entanto, em sua maior parte, as publicações coletivas que tenho tido a chance de folhear são tudo, menos exemplos de diálogo e manifestações de poder criativo.

MHJ e KT: Uma vez você disse que ao supervisionar e orientar um doutorando, embora se sentindo ambivalente e internamente dividido, você sempre busca garantir que a criatividade e as aspirações artísticas da tese não o impeçam de obter a aprovação da banca de doutorado. Para os sociólogos ambiciosos, para a próxima geração de praticantes da nobre arte e ciência da sociologia, poderia oferecer alguns estratagemas, não sobre como desenvolver uma carreira a partir da sociologia, mas de como garantir que se tenha algo interessante e no mínimo importante a dizer?

ZB: O que posso dizer no fim de minha própria jornada? Se você está buscando uma vida confortável, siga outro caminho. Obviamente, praticar sociologia não é uma receita para ficar rico, mas tampouco para uma existência livre de problemas. É, no máximo (mas eu não subestimaria nem desvalorizaria de forma alguma a importância desse máximo em particular!), uma forma de se realizar na vida – de obter a satisfação oferecida por um trabalho bem-feito com o propósito de deixar o mundo numa condição um pouco melhor (e acima de tudo não pior) que aquela em que o encontramos na chegada.

Duvido que haja um conjunto de regras para o sucesso garantido que se possa aprender a fim de evitar os tropeços e ter certeza de atingir o objetivo. Deve-se manter o manual sempre aberto, com um número suficiente de páginas em branco para acomodar novas normas – quando surgirem, como devem surgir, no curso de práticas sucessivas empregadas em sucessivas condições. O mundo está mudando e se reordenando (não sem nossa cooperação, por ação ou omissão) com demasiada rapidez para que um conjunto de regras, qualquer que seja ele, permaneça funcional por toda a vida de um indivíduo, que dirá ultrapassá-la.

Assim, em vez de perder tempo tentando ler a sorte, vamos ao trabalho. E vamos em frente enquanto nos permitir nossa força e enquanto o determine nossa dedicação à tarefa – a única variável constante e permanente nessa equação.

MHJ e KT: Se concordamos que a sociologia é e deveria ser um envolvimento crítico com o mundo do senso comum e da doxa, o mundo do que é presumido, naturalizado, o mundo ostensiva e teimosamente impenetrável à mudança e à crítica, para que serve a crítica, e com ela a sociologia? Muitos anos atrás, em seu livro intitulado *Towards a Critical Sociology*,[1] você propôs que esse engajamento crítico com o mundo poderia ser visto como um interesse emancipatório, e que a emancipação da razão era condição de toda emancipação material. Você ainda vê as coisas dessa maneira; e, caso positivo, como se pode alcançar essa emancipação do homem?

ZB: O conceito de "emancipação" sugere a remoção de todas ou pelo menos algumas das restrições que obstruem e estreitam o espectro de opções disponíveis e escolhas realistas. Em suma, ele implica "mais liberdade". A expressão "emancipação material" é, portanto, um paradoxo; refere-se ao mundo, não a sua percepção; pertence à semântica da ontologia, não à epistemologia. Sua pergunta é sobre a possibilidade e a capacidade de uma mudança de *percepção* provocar ou pelo menos influenciar (tornar mais ou menos provável) uma mudança no *mundo*. Uma pergunta, como vocês muito bem sabem, permanente na história das cosmovisões filosóficas – tão permanente quanto a busca de suas respostas.

Eu preferiria recordar aqui o ditado popular inglês que diz que a prova do pudim é comê-lo. A indefinição quanto a se a resposta procurada representa uma oportunidade objetiva de aprovação universal – e permanente – deriva do fato de ela só poder ser oferecida pela *prática*, não pela *teoria*. Em filosofia, tanto as respostas positivas quanto as negativas a essa pergunta contêm argumentos persuasivos suficientes para corroer a autoridade de seus opostos. Quanto à prática, ninguém chegou mais perto do alvo que Vlacav Havel, ele próprio consumado praticante da arte de mudar o mundo por meio das ideias. Para influenciar o futuro, disse ele, é preciso saber que canções a nação está inclinada a cantar; mas, acrescentou logo em seguida, ninguém pode dizer que tipo de canções a nação estará disposta a entoar no ano seguinte.

Esse veredicto, com o qual, creio eu, Theodor W. Adorno concordaria plenamente (tal como eu), não o teria impedido de cutucar, estimular e exortar nações para mudarem as canções que entoavam, reformar seus hábitos e inclinações atuais; ainda que em alguns momentos de reflexão ele preferisse aceitar a perspectiva de enfiar suas exortações, e portanto suas críticas ao status quo, numa garrafa lançada aos caprichos imprevisíveis das marés.

Permitam-me esclarecer um pouco mais esse tema. O íntimo vínculo entre a realidade e sua percepção (ou entre a percepção e a realidade que ela gera e/ou sustenta) não é um postulado, mas um atributo inseparável da condição existencial humana (ou, se vocês preferirem usar o vocabulário de Heidegger, da modalidade especificamente humana de ser e estar no mundo). O mundo que habitamos é o *Lebenswelt*, o "mundo vivido", e isso abrange tanto a ontologia quanto a epistemologia, tanto a realidade (o que não se pode "fingir que não existe") quanto sua percepção (potencialmente capaz de ser negada pela argumentação, quer por ação ou por omissão). Assim, o tema em questão resume-se à viabilidade, ou probabilidade, de causar mudanças na percepção – e por meio destas estimular mudanças desejáveis na realidade. Em outras palavras: *mudar a realidade alterando sua percepção*.

Plenamente consciente de como esse tema foi e continua a ser contencioso, não tenho esperança alguma (nem, nesse sentido, nenhuma ambição) de resolver o impasse. Ajusto-me à posição minimalista: ter conhecimento é melhor que ser ignorante. Mesmo que a presença do conhecimento não seja uma garantia de sucesso na ação, sua ausência tende quase certamente a reduzir a possibilidade de êxito. Em particular, as chances de que se tente algo inédito e que ultrapasse a rotina habitual crescem quando os objetos da ação são tirados da invisibilidade e trazidos para o campo da visão e da consciência. Nos termos de Heidegger, as chances de transformar fragmentos da realidade em objetos de uma ação deliberada aumentam quando esses fragmentos passam da condição de *zuhanden* ("à mão", rotineiramente apreensíveis, "ocultos em sua ofuscante familiaridade", por assim dizer) para a de *vorhanden* ("lá fora", obstinados e resistentes, fascinantes, clamando por uma investigação, impelindo à ação).

Creio que é vocação da sociologia retirar o mundo humano da invisibilidade da "doxa" (o senso comum, irrefletido – o conhecimento *com que* pensamos, mas *sobre o qual* raramente refletimos) para torná-lo foco de atenção, área de consciência e campo de ação deliberada – desnaturalizando o natural e problematizando o não problemático. Em vez de *postular* que a sociologia seja crítica, suponho que a sociologia leal à sua vocação *seja* em si mesma crítica: ambiguamente, conscientemente ou não, pela pura lógica de sua atividade.

Admito de pronto a banalidade dessas afirmações – e, portanto, que repeti-las conversando com vocês me deixa um tanto embaraçado. E no entanto é preciso reafirmá-las, de vez que a rotina sociológica muitas vezes encobre sua mensagem e oculta de nossa vista e de nossa ação "proativa" os preceitos que dela decorrem. Isso ocorre apesar da evidência da tremenda diferença que os conteúdos do *Lebenswelt* impõem às inclinações, motivações e, de modo geral, estratégias de vida das pessoas que "o vivem" (ou seja, que o constroem ao mesmo tempo que são por ele construídas).

Apenas um exemplo extemporâneo: embora hoje falemos livre e naturalmente, digamos, das culturas medievais ou mesmo paleolíticas (desse modo aceitando acriticamente a natureza artificial, artefactual, baseada na escolha, dos modos pelos quais os seres humanos, em todas as épocas e lugares, conduzem suas vidas), o próprio conceito de "cultura", assim como os pressupostos tácitos, porém seminais, que ele carrega, só foram criados e levados para a doxa e para o vocabulário público no terceiro quarto do século XVIII.

É óbvio, ou pelo menos deveria se tornar óbvio com um mínimo de reflexão, que a presença da ideia/visão de "cultura", com toda a sua carga conceitual e pragmática, é uma daquelas diferenças fundamentais, divisórias, uma "diferença que faz a diferença" entre os modos moderno e pré-moderno de viver no mundo. Uma ilustração ainda mais vívida do papel de "tijolos do *Lebenswelt*" desempenhado pelos conceitos que as pessoas usam ao formarem suas percepções e selecionarem suas estratégias é fornecida pelo conhecimento da mortalidade que separa o modo humano de ser e estar no mundo dos modos praticados por todas as outras espécies vivas (os animais, podemos dizer, são imortais, pois não têm consciência de sua mortalidade, embora sejam equipados com a tendência instintiva de evitar ou repelir a morte). Pode-se dizer com toda a certeza que a cultura, a característica definidora do modo singularmente humano de ser e estar no mundo, consiste num esforço permanente para tornar suportável a vida com a consciência da mortalidade.

Mas permitam-me assinalar que a posse desse conhecimento, capacitando-nos como o faz em relação a tantos aspectos cruciais, não pode deixar de nos prejudicar em relação a outros, e outra séria razão se acrescenta à necessidade de o sociólogo ter um engajamento crítico com a doxa. O trabalho do conhecimento – concentrar o olhar e a vontade humanos em alguns fragmentos ou aspectos do mundo – não pode realizar-se sem um "dano colateral": afastar o olhar e a vontade de outros fragmentos ou qualidades.

Essa seletividade do conhecimento (a obstinada copresença de efeitos prejudiciais), e assim também o caráter ambíguo de suas bênçãos e a ambivalência de seu impacto, não pode ser "curada". Trata-se de condições necessárias, inegociáveis, da efetividade do conhecimento em sua capacidade habilitante (a realização de qualquer tarefa é facilitada pelo traçado de uma linha separando o "relevante" do "irrelevante", em outras palavras, pelo intercâmbio entre "mirar em" e "abstrair-se de").

Permitam-me ilustrar essa inevitável ambiguidade e a resultante ambivalência com um elemento, embora de forma alguma negligenciável ou marginal, da visão de mundo atual e quase universal: o conceito de "risco" e "cálculo de risco".

Desde o início da modernidade, o risco, como aponta Ulrich Beck, pioneiro da investigação contemporânea desse tema e ainda hoje seu principal e mais fértil teórico, tem "mesclado conhecimento com não conhecimento no horizonte semântico da probabilidade". A história da ciência, afirma Beck, "data o nascimento do cálculo de probabilidades, a primeira tentativa de colocar o imprevisível sob controle – desenvolvida na correspondência entre Pierre Fermat e Blaise Pascal –, do ano de 1651". Desde então, mediante a categoria do risco, "o arrogante pressuposto da controlabilidade" tem tendido a aumentar sua influência.

Com o benefício do retrospecto, a partir da perspectiva da sequência reconhecidamente liquidificada a uma modernidade precoce compulsivamente liquidificante, embora obcecada com a solidez, podemos dizer que a categoria do risco foi uma tentativa de conciliar os dois pilares da consciência moderna – uma consciência da contingência e da aleatoriedade do mundo, por um lado, e uma confiança no outro do tipo "nós podemos". Mais exatamente, a categoria do "risco" foi uma tentativa de salvar a segunda, apesar da importuna, desagradável e temida companhia da primeira. A demanda pelos serviços que as categorias do "risco" e do "cálculo de risco" são capazes de oferecer cresceu em paralelo ao acúmulo de evidências das essenciais, irrevogáveis e irreparáveis irregularidade, contingência e indeterminação do mundo; o sonho de uma verdade extemporânea "absoluta" e "eterna" e de um mundo irrecorrivelmente regular e obediente à lei era, afinal, a premissa necessária à ambição moderna de agir com segurança e autoconfiança.

O acúmulo de evidências em contrário, logo seguido de modelos cientificamente teorizados e matematicamente substanciados de um universo em essência indeterminado, pôs fim a essa ambição. A ideia de risco era o segundo melhor artifício para manter em movimento a busca pela verdade – ou uma segunda linha de trincheiras a que o moderno desejo de certeza se viu forçado a recuar.

A categoria do "risco" prometia que, mesmo que o ambiente natural, assim como os acréscimos a ele feitos pelos seres humanos, tendesse a não atingir a regularidade incondicional e, desse modo, a ficar a certa distância do ideal de transparência a priori e previsibilidade total, os seres humanos ainda poderiam chegar bem perto da condição de certeza mediante o acúmulo e o armazenamento de conhecimento e a utilização de seu braço prático, tecnológico. Ao contrário dos anseios, agora rejeitados, de plena certeza e confiança absoluta, a categoria do "risco" não promete segurança total em relação aos perigos, mas promete a capacidade de calcular sua probabilidade e seu possível volume – e assim, indiretamente, de calcular e aplicar a distribuição ótima de recursos para tornar efetivos e exitosos os empreendimentos propostos.

E no entanto... Mesmo que não explicitamente, a semântica do "risco" precisa presumir, de modo contrafactual, embora axiomático, um ambiente "estruturado" ("estruturação": a manipulação e a resultante diferenciação de probabilidades), essencialmente obediente a regras e, em certo sentido, regular e previsível. Um universo no qual as probabilidades de eventos são predeterminadas, podem ser inspecionadas, tornadas conhecidas e avaliadas. Esse pressuposto é flagrantemente insustentável, não obstante o estratagema do "cálculo de risco" seja uma proposta atraente. Embora possa ficar distante do conforto espiritual oferecido pela premissa da certeza absoluta e infalível, assim como pela consequente expectativa de predeterminar ("fixar") o futuro, essa distância parece pequena e insignificante em comparação com o intransponível abismo categórico que separa o "horizonte semântico da probabilidade" (e assim também o provável cálculo de risco) da premonição da incerteza consumada e incurável que satura e apavora a contemporânea consciência líquida moderna.

No resumo que Jorge Wagensberg faz da atual sabedoria acadêmica, "as soluções (de equações) se ramificam, mas apenas uma delas está correta, apenas uma representa a realidade de um sistema. O problema é saber qual delas. É um acidente que decide. ... Uma ligeira flutuação até então desprezível agora decide o futuro de um sistema macroscópico".[2] A complexidade dos sistemas, em conjunto com a incerteza de seus ambientes, confere ao destino o direito à última palavra. Esse criptônimo de uma mistura do imprevisível com o incontrolável. E, como John Gray assinalou mais de dez anos atrás, "os governos dos Estados soberanos não sabem com antecedência como os mercados vão reagir. ... Os governos nacionais, na década de 1990, estão voando às cegas". Gray não esperava que o futuro nos conduzisse a condições tão diferentes; como no passado, podíamos esperar "uma sucessão de contingências, catástrofes e lapsos ocasionais de paz e civilização", todos eles aleatórios, inesperados, imprevisíveis e incalculáveis, apanhando tanto suas vítimas quanto seus beneficiários de surpresa e despreparados.

Parece cada vez mais provável que a descoberta e o anúncio da centralidade de um "horizonte de risco" na consciência moderna tenham seguido o eterno hábito da coruja de Minerva, conhecida por abrir as asas no fim do dia, exatamente antes do anoitecer; ou a tendência ainda mais comum dos objetos, como observada por Martin Heidegger, de serem transportados do estado de "escondidos sob a luz", de estarem imersos na obscura condição de *zuhanden* (o que está à mão), à resplendente visibilidade de *vorhanden* (o que existe), tão logo entram em colapso, são descartados da vida cotidiana ou, de outra forma, frustram expectativas – em outras palavras, as coisas só assomam à consciência após sua dissolução, e em consequência de seu desaparecimento ou modificação extrema.

Na verdade, nós só nos tornamos superconscientes do papel formidável desempenhado pelas categorias do "risco", do "cálculo de risco" e do "assumir o risco" em nossa história moderna no momento em que o termo "risco" perdeu grande parte de sua antiga utilidade e precisava ser usado, como sugeriu Jacques Derrida, *sous rature*, "sob rasura", tendo se transformado – para usar o vocabulário do próprio Beck – em "conceito zumbi"; quando, em outras palavras, já chegou o momento de substituir o conceito de *Risikogesellschaft* (sociedade de risco) pelo de *Unsicherheitglobalschaft* (incerteza global).

Nossos perigos de hoje diferem daqueles que a categoria do "risco" buscava capturar e trazer à luz por serem, antes de se manifestarem, anônimos, imprevisíveis e incalculáveis. E o ambiente em que nossos perigos nascem e dos quais emergem não é mais englobado pela categoria da *Gesellschaft* – a menos que compreendamos "sociedade", de modo amplamente prematuro, como algo cujos limites coincidem com os da própria população do planeta.

O que deriva de todas essas extensas considerações? Deriva que, em lugar de ou juntamente com sua prometida e presumida função "capacitante", a ideia de cálculo de risco e as recomendações estratégicas que ela implica podem desempenhar um papel "incapacitante". Ela afasta nossos cuidados, preocupações e, portanto, também nossos esforços de confrontar com franqueza e em toda a sua gravidade e em seu feitio impressionante a possibilidade de agir em condições de perpétua e irrevogável incerteza e a necessidade de adquirir as habilidades e o caráter considerados indispensáveis para tal ação.

Apenas alguns exemplos dos usos sobre os quais vocês perguntaram: os usos a que "a crítica – e com ela a sociologia" podem, devem e ao que se espera serão submetidas nos próximos anos; anos em que os olhares de incerteza tenderão a ser a única certeza com que poderemos contar.

MHJ e KT: Num texto intitulado "Critical theory", de 1991, você insistia quanto à natureza da teoria social crítica, dizendo que

> ela não se satisfará com a reprodução idealmente fiel do mundo "tal como ele é". Vai insistir em perguntar "Como esse mundo foi

gerado". Vai exigir que sua história seja estudada e que, no curso desse estudo histórico, as esperanças esquecidas e as oportunidades perdidas do passado sejam recuperadas. Vai querer investigar como essas esperanças foram esquecidas e essas oportunidades, perdidas.

No mesmo texto, você também afirmava que, em vez de se preocupar tanto com a "colonização do mundo da vida pelo sistema" (a famosa tese de Habermas), uma preocupação também importante – talvez até mais fundamental – dizia respeito à individualização, à privatização e ao desaparecimento ou redução das arenas voltadas para a deliberação pública e política. Hoje a agenda da teoria social crítica, de acordo com seu diagnóstico, tem mudado de forma bastante considerável. A que "esperanças e oportunidades perdidas" a teoria social crítica deveria dedicar especial atenção, e será que o principal problema atual ainda é aquela proposta ou profetizada "colonização do público pelo privado"?

ZB: Eu me orgulho, corretamente ou não, de me manter fiel a esse antigo postulado. Hoje estou muito preocupado em investigar os caminhos que levam a um grave e fundamental afastamento, responsável, mais que qualquer outro acontecimento recente, pela brecha crescente e cada vez mais intransponível entre o "mundo tal como ele é" e o mundo que "poderia e deveria ser": ou seja, a crise da agência, de uma resposta à angustiante pergunta "Quem o fará?".

O afastamento que tenho em mente é a preocupante separação e o iminente divórcio entre o poder (*Macht, pouvoir*), que é a capacidade de fazer com que as coisas sejam feitas, e a política, que é a capacidade de decidir quais coisas precisam ser feitas e quais não precisam. A teoria crítica, em sua juvenil fase *Sturm und Drang*, estava livre dessa preocupação: tal divórcio era então quase inconcebível (se seus sintomas pipocassem aqui e ali, podiam ser descartados como anomalias, perturbações temporárias que logo seriam corrigidas). Poder e política sendo as duas condições necessárias e suficientes para a ação efetiva, e ambos na posse monopolista do Estado (na intenção, se não na prática), a resposta à pergunta "Quem o fará?" era tão clara e autoevidente a ponto de ser incontroversa. Contudo, não é mais assim. Grande parte do poder antes contido na soberania do Estado evaporou-se no "espaço dos fluxos" global de Manuel Castells, enquanto a política até hoje continua a ser local. Agora é a questão de "Quem o fará", em vez de "O que fazer", que solapa a imaginação, o impulso e o vigor críticos, enquanto promover o pensamento e o debate sobre a "boa sociedade" parece algo quase fútil.

O que se seguiu a esse afastamento foi o paradoxo de uma progressiva *coletivização dos problemas*, juntamente com a *privatização das ferramentas e dos meios necessários para sua solução*. Um paradoxo cuja resolução ficou a cargo dos indivíduos, incumbidos da impossível tarefa (observe-se que, uma vez prescritas e inevitáveis, as tarefas se transformam em deveres) de enfrentar de modo individual, por conta própria, desafios socialmente produzidos (e apenas socialmente solucionáveis). O resultado é algo parecido com a aquisição de abrigos familiares para enfrentar um iminente ataque nuclear e desviar de si o impacto.

Outra consequência é a mudança radical na "morfologia" do tecido social. De modo mais fundamental e espetacular, a passagem da sociedade dos produtores, em que a teoria crítica viveu seu período mais exuberante, efervescente e fértil, e além do qual a Escola de Frankfurt dificilmente conseguiu espreitar, a uma sociedade de consumidores. Se os ambientes de produção/industriais que deveriam reunir, conter, reter e acomodar a totalidade dos seres humanos eram (por ação ou omissão) fábricas de solidariedade, do cerrar fileiras, e, por conseguinte, os motores que transformavam ressentimentos individuais em interesses coletivos e também consolidavam atores individuais em "agentes históricos", o resultado de ambientes infestados de consumismo e a ele servindo tende a ser a dispersão, o isolamento e a exclusão.

Aí são poucas as chances, se é que chega a haver alguma, de emergência de "agentes coletivos" da história capazes de desempenhar papel comparável àquele enfaticamente imputado ao "proletariado", o arquétipo de produtores condensando todos os atributos definidores do ser e estar numa sociedade de produtores. O "precariado" que agora substitui a noção do "proletariado" como o nome genérico da totalidade dos seres humanos desprovidos, degradados, sofredores e humilhados, é notável por sua inadequação para o papel. Não é uma categoria em que a atual crítica social se apresse em investir suas esperanças de redenção. O agregado batizado como "precariado" é notável por substituir o sentimento de "A união faz a força" pelo de "Cada um por si e Deus por todos". Não se trata de um solo em que a solidariedade, aquele adesivo que antes esperava-se aglutinar os sofredores solitários, transformando-os em agentes históricos, possa fincar raízes e prosperar.

Eu diria que, entre si, esses três caminhos nos trouxeram à "colonização do público pelo privado". Em outras palavras, o privado invadiu e conquistou a "ágora", aquele espaço no qual se esperava que interesses privados fossem traduzidos em questões públicas, e onde necessidades públicas se traduzissem em direitos e deveres privados.

MHJ e KT: A teoria social crítica sempre afirmou que a sociedade – o público – precisa da sociologia crítica com uma reflexão crítica, da mesma forma que um peixe precisa de água para sobreviver. Mesmo se concordarmos que o público precisa da sociologia, como podemos – ou devemos – persuadi-lo de que isso é mesmo necessário? Outra forma de apresentar essa questão é fazer uma simples "sociologia da sociologia". Se vivemos numa sociedade de consumidores, se hoje é isso que todos nós somos, seria a sociologia apenas mais um produto no mercado? Se for esse o caso, podemos vender algo sem negar as próprias coisas que estamos querendo dizer?

ZB: Sim, a sociologia, como disseram vocês, é "mais um produto no mercado" – e pouco restou para o sociólogo além de extrair as conclusões exigidas ou aceitar eternamente sua própria marginalidade ou irrelevância. Como vocês podem concluir do diálogo que travamos até aqui, fazer a segunda opção seria equivalente, em minha opinião, a perpetrar uma traição à vocação sociológica. Relembrando Karl Marx, nós sociólogos, tal como todos os outros seres humanos, podemos estar fazendo história, mas não sob condições de nossa própria escolha. Isso depende muito de "condições que não escolhemos".

Portanto, sim, tal como outras mercadorias no mercado, a sociologia precisa "criar clientes" para os serviços que oferece. Nesta sociedade de consumidores, pela regra, é à oferta que cabem a expectativa e a obrigação de criar a demanda, não o contrário. Alguns produtos têm mais chance de cumprir essa obrigação, enquanto outros têm pouca ou nenhuma. Isso depende muito de "condições que não são de nossa escolha".

O resto, contudo (e esse é um "resto" muito amplo), é somente questão de escolhas nossas, depende totalmente delas. Para encontrar esse público amplo e grato, o "resto" precisa ser orientado, novamente na minha opinião, por um dos princípios gravados em letras douradas sob a cúpula do Centro Cívico de Leeds, entre outros cânones morais que seus financiadores e construtores, pioneiros da Revolução Industrial, acreditavam devessem orientar seus trabalhos ao tentar mudar o mundo para melhor: "A honestidade é a melhor política." Em nosso caso, "honestidade" se traduz, em primeiro lugar e acima de tudo, na promessa de permanecermos fiéis à nossa vocação sociológica e de cumprirmos essa promessa.

A promessa em questão é soar o alarme sempre que isso se faça necessário, ainda que a chance de o alarme ser ouvido e entendido possa ser quase nula. Vejam, por exemplo, o que o grande pensador e poeta polonês Czeslaw Milosz observou algumas décadas atrás: "O mundo nos aflige como a encarnação da loucura, o produto de uma mente ensandecida" – teria sido essa observação, na época em que Milosz a compartilhou com seus leitores, um produto do pensamento inadequado para o consumo de massa? Uma excentricidade invendável? Pode ter parecido assim, especialmente vendo-se as reações (ou melhor, a falta de reação) das pessoas que aceitaram a versão NHA "oficial" de nossa condição existencial comum; ou pelo menos a aceitaram como um certificado de salvo-conduto para atravessarem o lodaçal e o labirinto em que estavam destinadas a vegetar – ou assim vieram a crer sob a autoridade dos líderes políticos e dos meios de comunicação de massa.

Mas o livreto com o título inspirador de *Indignai-vos!* (publicado em inglês como *Time for Outrage*), escrito em 2010 pelo veterano combatente francês transformado em estadista Stéphane Hessel, aos 93 anos de idade, já vendeu milhões de cópias em 27 idiomas e levou milhões de espanhóis, jovens e nem tanto, às ruas em protesto contra um sistema político que deixou de observar sua data de vencimento e se defendia com unhas e dentes, de todas as formas, de uma deposição já desastrosamente tardia. A mensagem contida no livreto é tão radical (e, portanto, supostamente invendável) quanto as mensagens que bem poucos sociólogos ousariam compor em vez de colocar os pingos nos is e os traços nos tês em seus relatórios de pesquisa. No próprio resumo de Hessel (traduzido por mim):

> O que está acontecendo no mundo atualmente não pode ser aceito. É preciso mudar. Hoje conhecemos mais que nunca o verdadeiro volume da devastação produzida pelo homem no planeta. Essa destruição já dura séculos. Quando vai terminar? Também não temos direito de concordar com a miséria monstruosa convivendo intimamente com a riqueza inimaginável. E se permitirmos que o terrorismo continue da forma como tem crescido nos últimos anos, a tendência será ficarmos contra a parede.
>
> Devemos achar uma solução, mas este livrinho não a oferece. Este livro deve ser visto como um alerta, um toque de clarim, um apelo à consciência e um chamado a sairmos da passividade e abraçarmos a responsabilidade pelo destino do mundo.

MHJ e KT: Alvin Ward Gouldner disse uma vez que "a cortesia morde a língua da crítica". Vivemos numa sociedade cortês demais? Antes você comparou o estado atual da crítica com a vida num camping – algo de curta duração, sem compromissos e superficial. Se a crítica se tornasse o oposto – voltada para condições sociais de longo prazo, comprometida e dirigida às preocupações centrais da sociedade –, como isso afetaria a sociedade cortês tal como a conhecemos?

ZB: Talvez eu esteja cego e surdo, ou talvez o mundo tenha mudado a ponto de se tornar irreconhecível desde que Gouldner formulou sua opinião. Ou talvez os limiares da polidez civilizada tenham baixado radicalmente desde então. "Cortesia" é uma das últimas palavras que me viriam à mente se eu fosse descrever o mundo em que vivemos. "Hipocrisia", sim. Contudo, confundir hipocrisia (ou seja, a tendência a manter distância do que causa a verdadeira dor e faz as pessoas realmente sofrerem, e a vender a crueldade sob o rótulo da benevolência) com cortesia, de qualquer forma, é o principal objetivo e a marca registrada da hipocrisia, sendo a "correção política" uma de suas manifestações flagrantes, ainda que hipocritamente disfarçada.

Esse "mundo como o conhecemos" é um mundo indelicado e grosseiro. Não se evitam assuntos difíceis apenas para não deixar outras pessoas embaraçadas. Se os vitorianos cobriam com meias as pernas dos pianos, nós colocamos pianos sobre pernas que antes só eram saboreadas nas páginas das revistas pornográficas. Usamos no dia a dia, pública e ostentosamente, um tipo de linguagem antes confinado às sarjetas e aos antros do vício. Não respeitamos mais os direitos de privacidade e intimidade. Talvez o lar do inglês ainda seja seu castelo, mas um castelo aberto aos visitantes 24 horas por dia, sete dias por semana, habitado por pessoas que temem a ausência ou escassez de observadores intrusos como a mais terrível das pragas do Egito.

Nós nos deleitamos com a visão de aprendizes perdedores a que se mostra a porta da rua e dos habitantes da casa do *Big Brother* excluídos pelo voto após uma longa semana de humilhações e ridicularizações rotineiras. Não respeitamos nem a dignidade do outro nem a nossa. Quando ouvimos a palavra "honra", recorremos a um dicionário (ou seja, no caso de desejarmos refrescar a memória para participarmos de programas de perguntas e respostas como *Quem quer ser um milionário?* ou *Weakest Link*). Injúrias gratuitas (não mais passíveis de punição ou censura e condenação) têm alcançado níveis inéditos de facilidade – por cortesia (sic) da proteção oferecida pelo anonimato, e portanto da impunidade, das calúnias, difamações e falsidades via internet. É como se o "direito de difamar" tivesse se tornado um direito humano com tendência a ser universalmente respeitado e defendido com unhas e dentes pelas agências guardiãs da lei.

O respeito e (a consequente!) confiança são os dois atributos daquilo que se costumava chamar de "sociedade civilizada" e que estão ausentes das interações humanas – sejam elas realizadas no âmbito privado ou para exibição pública. De fato, privar os indivíduos do respeito e das bases da confiança mútua, em minha opinião, é o estratagema principal (e até agora extremamente exitoso) para situar as "preocupações centrais da sociedade" (mais uma vez fazendo eco a vocês) fora dos limites da atenção, do cuidado e da ação da sociedade – e, na verdade, de sua preocupação.

Creio que é o respeito pela humanidade do outro, e o direito a ser respeitado, que a "crítica" precisa colocar no topo, ou quase no topo, de sua agenda, se quisermos que ela tenha uma chance de alcançar (mais uma vez repetindo vocês) "as preocupações centrais da sociedade". Sem a ressurreição do respeito, não há chance para a solidariedade. Sem solidariedade, não há chance de despertar as "preocupações centrais da sociedade" de sua atual sonolência e forçá-las a abandonar o abrigo impenetrável da desatenção humana.

MHJ e KT: A sociologia – e o trabalho do sociólogo – frequentemente é criticada. A mídia apresenta a sociologia como lugares-comuns disfarçados pelo jargão ou como plataformas políticas. Enquanto isso, dentro dos departamentos acadêmicos, os sociólogos muitas vezes fazem críticas ferozes dos livros dos outros. Como deveríamos reagir a esses críticos?

ZB: Como reagir? Fazendo bem nosso trabalho, ou seja, tendo sempre em vista nossos receptores/interlocutores e a consciência de nossa responsabilidade para com eles. Fazer bem nosso trabalho não significa trabalhar com os ouvidos escancarados às reações críticas, as quais, dada a natureza multivocal e multifocal do espaço social carregado do ponto de vista semântico, tendem a ser mutuamente controversas; ou acima de tudo aos conteúdos das "críticas dos pares", os quais, pela lógica de sua função coletiva, não podem deixar de se preocupar basicamente em nivelar por *baixo* e não por *cima* seu *habitus* comum.

Repito uma vez mais que a função da sociologia é um diálogo/intercâmbio contínuo, infinito fato bilateral com o "senso comum" construído pelas experiências humanas e nelas investido, e isso quer dizer *com os praticantes comuns da vida*, não com os porta-vozes desta ou daquela profissão, incluindo a nossa; hoje, em nossa era profundamente desregulamentada e individualizada, mais que em qualquer outro estágio da história da sociologia. Nesse diálogo/intercâmbio nós aparecemos no duplo papel de professores e alunos, e entramos nele sem qualquer garantia antecipada de estarmos certos. Para ser ouvido e entendido nesse tipo de intercâmbio, é preciso aprender a arte de ouvir e entender o que se diz. Praticar nossa vocação exige uma mistura equilibrada de autoconfiança e humildade. Também requer alguma coragem. Interpretar as experiências humanas não é o tipo de vida que eu recomendaria a uma pessoa inconstante.

MHJ e KT: Mais ou menos no fim de *A imaginação sociológica*, C. Wright Mills afirmava que o propósito da sociologia é melhorar a qualidade da vida humana. Em sua visão, o propósito da sociologia é aperfeiçoar, reforçar ou melhorar a vida humana, ou da sociedade? Em caso positivo, de que modo?

ZB: Ao longo de dois séculos de história, a sociologia tem se concentrado nos aspectos da condição humana derivados do fato de que o ser humano é um "animal social", vivendo em sociedade, na companhia de outros, interagindo com outros etc., sendo a "sociabilidade" humana, para os sociólogos, a "diferença que fez a diferença". Muito antes de C. Wright Mills, Albion Small, um dos pioneiros da sociologia nos Estados Unidos, assinalou que a disciplina nasceu do desejo de aperfeiçoar a sociedade – tendo como premissa tácita a hipótese de Aristóteles de que a "vida boa" pode ser concebida apenas dentro de uma boa pólis, e que só as feras e os anjos podem viver sem ela. Quer fazer alguma coisa em respeito à qualidade da vida humana? Comece fazendo algo sobre a qualidade da sociedade que os seres humanos habitam.

Havia, por assim dizer, uma espécie de "afinidade eletiva" entre essa compreensão dos serviços que a sociologia pretendia – e prometia – realizar e a "razão gerencial" da época, voltada para garantir que ações humanas desejáveis viessem a acontecer manipulando sua probabilidade pela manipulação do ambiente em que essas ações deveriam ter lugar; uma manipulação calculada para limitar ou, melhor ainda, eliminar de uma vez as escolhas dos atores.

A razão gerencial mudou desde então, juntamente com a estratégia de dominação – passando a ênfase do "poder hard" (impor a disciplina pela coerção) para o "poder soft" (baseado na tentação e na sedução). Agora a ideia de "vida boa" foi separada da de "boa sociedade" e transformada num trabalho do tipo faça você mesmo, uma questão de preocupação e desempenho individuais, não mais uma questão de "aperfeiçoar a sociedade", mas de encontrar ou construir um nicho relativamente confortável num ambiente social inóspito. A resultante mudança radical na condição humana confronta a sociologia com a necessidade de repensar e recompor sua vocação.

MHJ e KT: Será que essa recomposição significa que precisamos olhar para outros lugares que não os livros e conferências consagrados pelo tempo se quisermos nos comunicar? Hoje, tem se tornado cada vez mais popular para críticos sociais, intelectuais e pessoas comuns comunicar sua sabedoria, vocalizar suas preocupações, debater temas contemporâneos ou expressar suas opiniões via blogs na internet. O que isso diz sobre o estado do debate social? Além disso, você não parece preferir essa forma de comunicar suas ideias. Por quê?

ZB: Tenho dado contribuições irregulares, embora bastante frequentes, aos sites de alguns jornais pela internet, em particular o *Social Europe*, na Grã-Bretanha, e o *Krytyka Polityczna*, na Polônia. Mas vocês estão certos, eu não prefiro "essa forma de comunicação". Talvez seja uma questão de idade – é muito tarde para abandonar ou rever hábitos que tiveram tempo mais que suficiente para se coagular e solidificar. Mas o que eu acho que me põe de lado na comunicação ao estilo blog é a atordoante velocidade com que as mensagens entram e saem do domínio da atenção do público, quase sempre sem deixar testamento. Elas surfam pelas mentes em vez de se estabelecer dentro delas pelo tempo necessário para uma reflexão madura e para produzir consequências. Rapidamente lido, logo esquecido. A comunicação na internet está sujeita à lógica da moda, mais que à do debate. Faíscas na frigideira, não a maneira certa de preparar um assado ao ponto.

MHJ e KT: Os sociólogos deveriam – tanto como sociólogos como quanto indivíduos – ver televisão? Caso sim, o que deveriam ver e por quê?

ZB: Ver TV é um dos principias deveres do sociólogo. É ali, no mundo tal como ele é visto na TV, que a maioria das pessoas passa boa parte de suas vidas e adquire grande parcela de seu conhecimento do mundo. O *Lebenswelt*, o principal objeto de nosso estudo e o principal alvo de nossas mensagens, estaria dolorosamente incompleto hoje se fosse privado dos ingredientes fornecidos pela TV on-line. Recusar-se a ver TV equivale a dar as costas a uma parte considerável, e ainda em crescimento, da experiência humana contemporânea. Essa é uma consideração que deveria orientar e ditar a seleção daquilo que os sociólogos devem ver, e não, lamentavelmente, sua estética ou outras preferências voltadas para a busca do prazer. Mas quem disse que o trabalho dos sociólogos deve ser – está fadado a ser – invariavelmente prazeroso?

· Notas ·

Introdução (p.11-5)

1. Ver, por exemplo, Paul F. Lazarsfeld, William H. Sewell e Harold L. Wilensky (orgs.), *The Uses of Sociology*, Nova York, Basic Books, 1967.
2. Stanislav Andreski, *Social Sciences as Sorcery*, Harmondsworth, Penguin Books, 1974.
3. C. Wright Mills, *The Sociological Imagination*, Harmondsworth, Penguin Books, 1970, p.11 e 226. O livro de Mills foi publicado pela primeira vez em 1959.

1. O que é sociologia? (p.17-41)

1. Z. Bauman e K. Tester, *Conversations with Zygmunt Bauman*, Cambridge, Polity, 2011 (ed. bras., *Bauman sobre Bauman*, Rio de Janeiro, Zahar, 2011).
2. J.M. Coetzee, *Diary of a Bad Year*, Londres, Penguin, 2008 (ed. bras., *Diário de um ano ruim*, São Paulo, Companhia das Letras, 2008).
3. Idem, p.79.
4. Idem, p.81.
5. Idem, p.119.
6. Idem, p.13.
7. M. Kundera, *The Curtain: An Essay in Several Parts*, Harper Perennial, 2007 (ed. bras., *A cortina*, São Paulo, Companhia das Letras, 2006).

2. Por que fazer sociologia? (p.42-69)

1. Z. Bauman, *This Is Not a Diary*, Cambridge, Polity, 2011 (ed. bras., *Isto não é um diário*, Rio de Janeiro, Zahar, 2012, p.22).
2. Idem.
3. P. Bourdieu, *La misère du monde*, Paris, Seuil, 1998 (ed. bras., *A miséria do mundo*, Petrópolis, Vozes, 1996).
4. R. Debray, *Le pouvoir intellectuel en France*, Paris, Ramsay, 1979.

3. Como fazer sociologia? (*p.70-103*)

1. Z. Bauman, *Collateral Damages*, Cambridge, Polity, 2011 (ed. bras., *Danos colaterais*, Rio de Janeiro, Zahar, 2013).
2. Idem, p.21-2.
3. J.C. Alexander, *A Contemporary Introduction to Sociology*, Nova York, Paradigm, 2011.
4. R. Sennett, "Humanism", *Hedgehog Review*, n.13, verão de 2011.
5. Anna Sfard, "Metaphorical roots of conceptual growth", in Lyn D. English (org.), *Mathematical Reasoning: Analogies, Metaphors, and Images*, Londres, Routledge, 1997.
6. S. Phineas Upham, "Is economics scientific? Is science scientific?", *Critical Review*, n.17, 2005.
7. S. Kracauer, *Geschichte: Vor den letzten Dingen*, Frankfurt, Suhrkamp, 2009.
8. Z. Bauman, *Mortality, Immortality and Other Life Strategies*, Stanford, Stanford University Press, 1992.
9. Z. Bauman, *Postmodernity and Its Discontents*, Nova York, New York University Press, 1997 (ed. bras., *O mal-estar da pós-modernidade*, Rio de Janeiro, Zahar, 1998).
10. Z. Bauman, *Modernity and The Holocaust*, Nova York, Cornell University Press, 1989 (ed. bras., *Modernidade e Holocausto*, Rio de Janeiro, Zahar, 1998); *Modernity and Ambivalence*, Nova York, Cornell University Press, 1991 (ed. bras., *Modernidade e ambivalência*, Rio de Janeiro, Zahar, 1999).

4. Qual o alcance da sociologia? (*p.104-30*)

1. Z. Bauman, *Towards a Critical Sociology*, Londres, Routledge, 1976.
2. J. Wagensberg, *L'Âme de la méduse: idées de la complexité du monde*, Paris, Seuil, 1997, p.47.

Este livro foi composto por Mari Taboada
em Avenir e Minion 11/14 e impresso em
papel offset 90g/m² e cartão triplex 250g/m²
por Paym Gráfica e Editora em setembro de 2019.